DES

CITATIONS DIRECTES

DONNÉES

EN SIMPLE POLICE ET EN POLICE CORRECTIONNELLE

SUR LA REQUÊTE DES PARTIES CIVILES

PAR

Paul VIAL,

Docteur en droit, Substitut du Procureur impérial à Fontainebleau.

PARIS,

IMPRIMERIE ET LIBRAIRIE GÉNÉRALE DE JURISPRUDENCE.

COSSE ET MARCHAL, IMPRIMEURS-ÉDITEURS,

LIBRAIRES DE LA COUR DE CASSATION.

Place Dauphine, 27.

1863

DES CITATIONS DIRECTES

DONNÉES

EN SIMPLE POLICE ET EN POLICE CORRECTIONNELLE

A LA REQUÊTE DES PARTIES CIVILES.

45992

Paris.—Imp. de Cosse et J. Dumaine, rue Christine, 2.

DES
CITATIONS DIRECTES

DONNÉES

EN SIMPLE POLICE ET EN POLICE CORRECTIONNELLE

A LA REQUÊTE DES PARTIES CIVILES

PAR

Paul VIAL,

Docteur en droit, Substitut du Procureur impérial à Fontainebleau.

PARIS,

IMPRIMERIE ET LIBRAIRIE GÉNÉRALE DE JURISPRUDENCE.

COSSE et MARCHAL, Imprimeurs-Éditeurs,

LIBRAIRES DE LA COUR DE CASSATION.

Place Dauphine, 27.

1863

DES CITATIONS DIRECTES

DONNÉES EN SIMPLE POLICE ET EN POLICE CORRECTIONNELLE.

———

INTRODUCTION.

La poursuite des crimes et des délits était laissée, chez les anciens et chez les peuples Germains, tantôt à l'initiative de la partie lésée, tantôt, pour les crimes les plus graves, à celle de tout citoyen. — Les nations modernes, au contraire, ont institué une magistrature spéciale chargée de la recherche et de la poursuite de ceux qui ont contrevenu à la loi pénale. Cette magistrature, nommée ministère public, qui s'était développée peu à peu en France sous l'ancien régime, a été maintenue et fortement réorganisée par les lois qui nous régissent actuellement. Le ministère public dirige, au nom de la société, toutes les poursuites devant tous les degrés de juridiction. C'est en conséquence de ce principe que l'art. 1er, Cod. instr. crim., déclare que « l'action pour l'application des peines n'appartient qu'aux fonctionnaires auxquels elle est confiée par la loi. »

Néanmoins, malgré les termes si absolus de ce texte de loi, l'ancien principe de la poursuite privée n'a pas complétement disparu de nos Codes, et le législateur, tout en confiant aux magistrats du parquet le pouvoir de poursuivre toutes les fois qu'il y a infraction à la loi pénale, n'a pas osé enlever complétement le droit de poursuite à la partie lésée et l'a laissé subsister, dans un certain nombre de cas, concurremment avec le droit du ministère public. Les art. 64, 145 et 182 (1), Cod. instr. crim., dé-

———

(1) Art. 64 : «...Dans les matières du ressort de la police correctionnelle, la partie lésée pourra s'adresser directement au tribunal correctionnel dans la forme qui sera ci-après réglée. »

clarent que les particuliers, dits alors *parties civiles*, peuvent citer directement, et sans la participation d'aucun magistrat, devant les tribunaux de simple police et de police correctionnelle, les personnes auxquelles ils imputent une contravention ou un délit. — Ce même droit n'existe pas pour les crimes; la loi ayant considéré qu'il serait trop grave de permettre à un particulier de traduire arbitrairement un citoyen devant une Cour d'assises.

Je me propose d'examiner les règles tracées par la loi et la jurisprudence pour ces citations données directement par les particuliers.

CHAPITRE Ier.—*Des conditions nécessaires pour que les parties civiles puissent citer directement devant les tribunaux de police.*

§ 1er.—Quelles personnes peuvent citer.

Tout citoyen, toute personne civile, a le droit de citer directement en police correctionnelle et en simple police. Voici la règle générale, à laquelle on ne doit apporter de restrictions que celles qui sont écrites dans la loi. — Ces exceptions sont en petit nombre; telles sont celles qui sont contenues dans les art. 589, Cod. comm., et 336 (1), Cod. pén. Le premier de ces articles décide que les syndics d'une faillite ne peuvent intenter de poursuite en banqueroute simple contre le failli qu'après y avoir été autorisés par une délibération prise à la majorité individuelle

---

Art. 145 : « Les citations pour contravention de police seront faites à la requête du ministère public, ou de la partie qui réclame... »

Art. 182 : « Le tribunal sera saisi, en matière correctionnelle, de la connaissance des délits de sa compétence, soit par le renvoi qui lui en sera fait d'après les art. 130 et 160 ci-dessus, soit par la citation donnée directement au prévenu et aux personnes civilement responsables du délit par la partie civile, et, à l'égard des délits forestiers, par le conservateur, inspecteur ou sous-inspecteur forestier ou par les gardes généraux, et, dans tous les cas, par le procureur impérial. »

(1) Art. 589, C. comm. : « Les syndics ne pourront intenter de poursuite en banqueroute simple, ni se porter partie civile au nom de la masse, qu'après y avoir été autorisés par une délibération prise à la majorité individuelle des créanciers présents. » — Art. 336, Cod. pén. : « L'adultère de la femme ne pourra être dénoncé que par le mari; cette faculté même cessera s'il est dans le cas prévu par l'art. 339. »

des créanciers présents ; le second dispose que le mari cesse de pouvoir poursuivre sa femme pour adultère, s'il entretient lui-même une concubine au domicile conjugal.

Je pense aussi que l'on doit exiger des incapables les mêmes conditions que pour agir devant les tribunaux civils ; nous verrons, en effet, plus loin, que la demande formée par le poursuivant doit tendre à une condamnation civile, c'est-à-dire à la constatation d'une créance, et que la juridiction n'est changée qu'à cause de l'origine de la créance. — Les mineurs et interdits ne pourront donc agir que par l'intermédiaire de leur père ou de leur tuteur, les femmes mariées qu'avec l'autorisation de leur mari ou de justice, les prodigues qu'avec celle de leur conseil judiciaire.

§ 2.—Quelles personnes peuvent être citées.

Toute personne peut, en règle générale, être citée directement, par une partie civile, devant les tribunaux de police. Il n'y a d'exceptions que celles qui sont formellement édictées par un texte de loi.

La principale exception, en cette matière, se trouve contenue dans les art. 479 et 483 (1), Cod. instr. crim. Ces articles décident que la poursuite contre les juges de paix et les magistrats des tribunaux de première instance, pour des délits correctionnels commis dans l'exercice ou hors de l'exercice de leurs fonctions, n'appartient qu'au procureur général et que l'affaire doit être portée devant la Cour impériale. Cette disposition ayant pour but de mettre les magistrats à l'abri de poursuites inconsidérées

---

(1) Art. 479 : « Lorsqu'un juge de paix, un membre de tribunal correctionnel ou de première instance, ou un officier chargé du ministère public près l'un de ces tribunaux sera prévenu d'avoir commis hors de ses fonctions un délit emportant une peine correctionnelle, le procureur général près la Cour impériale le fera citer devant cette Cour, qui prononcera sans qu'il puisse y avoir appel. »

Art. 483 : « Lorsqu'un juge de paix ou de police, ou un juge faisant partie d'un tribunal de commerce, un officier de police judiciaire, un membre de tribunal correctionnel ou de première instance, ou un officier chargé du ministère public près de l'un de ces juges ou tribunaux, sera prévenu d'avoir commis, dans l'exercice de ses fonctions, un délit emportant une peine correctionnelle, ce délit sera poursuivi et jugé comme il est dit à l'art. 479. »

et d'assurer la dignité de la magistrature, on doit en conclure que le droit de citation directe, en matière correctionnelle, n'existe pas pour les particuliers contre les magistrats. — Les parties qui se prétendront lésées ne pourront agir en dommages-intérêts que devant la juridiction civile ou en se joignant à l'action publique intentée par le procureur général. C'est ce qui a été décidé par plusieurs arrêts, et notamment par un arrêt de la Cour de cassation du 15 juin 1832 (1). — Ce privilége, inhérent à la qualité de magistrat, existe pour les délits commis avant l'entrée du délinquant dans la magistrature (Cass., 15 nov. 1833) (2), et s'applique aux magistrats démissionnaires ou révoqués, pour les délits commis avant leur démission ou révocation (Cass., 14 janv. 1832) (3). Il me paraît devoir s'appliquer aux

---

(1) « La Cour;...—Attendu que ces mots : *le procureur général fera citer*, qu'on trouve dans l'art. 479, Cod. instr. crim., sont limitatifs et dérogent, pour les délits auxquels ils s'appliquent, à la disposition de l'art. 182 du même Code ; — Attendu qu'en cas de refus du procureur général de faire citer les officiers de police judiciaire inculpés, les Cours royales tiennent de la loi du 20 avril 1810 le pouvoir de lui enjoindre de poursuivre ; d'où il suit que les citoyens ne restent pas privés d'une juste garantie, et qu'en rejetant la citation des demandeurs, l'arrêt attaqué, qui, d'ailleurs, est régulier dans sa forme, n'a fait que se conformer audit art. 479, ainsi qu'à l'art. 483 du Code précité ; — Rejette ce pourvoi.

(15 juin 1832, *Bull.*, n° 217.)

(2) «...Attendu que la poursuite dirigée contre Jules Guérineau, quoiqu'elle soit relative à des faits antérieurs à sa nomination aux fonctions de substitut du procureur du roi près le tribunal de première instance de Niort, n'en est pas moins exercée actuellement contre cet officier du ministère public, et qu'il n'importe que l'instruction ait été commencée suivant les formes ordinaires avant ladite nomination ;—D'où il suit que la Cour royale de Poitiers a fait, dans l'espèce, par l'arrêt attaqué, une juste application des dispositions des art. 479 et 480, Cod. instr. crim.; — Rejette le pourvoi. »   (*Bull.*, n° 461.)

(3) « Attendu qu'il est de principe que, pour apprécier la prévention, soit sous le rapport de la compétence, soit sous celui de la pénalité originelle, il faut se reporter au moment où les crimes et délits ont été commis ; — Attendu que c'était pendant qu'il était suppléant du juge de paix de Saint-Maixent que Chaudreau était prévenu de se livrer au délit d'habitude d'usure ; — Qu'en cet état de la cause, c'était à la Cour royale de Poitiers, d'après l'art. 479, Cod. instr. crim., à connaître de la prévention .. »

(*Bull.*, n° 20.)

juges honoraires, aux juges suppléants et aux suppléants de juges de paix.—Les dispositions de l'art. 479, Cod. instr. crim., ont été appliquées, par la loi du 20 avr. 1810, à un certain nombre de dignitaires et de fonctionnaires qui sont énumérés dans l'art. 10 (1).

Les maires, juges de police, les membres des tribunaux de commerce et tous les officiers de police judiciaire jouissent du même privilége, mais seulement pour les délits commis dans l'exercice de leurs fonctions (art. 483, Cod. instr. crim.).

Le décret du 15 nov. 1811 (2) organise, pour les délits commis dans l'intérieur des colléges et lycées par des élèves âgés de moins de seize ans, une juridiction spéciale de l'Université; mais l'art. 82 réserve à la partie lésée le droit de citer les délinquants devant les tribunaux ordinaires.

Le même décret donne aux procureurs généraux et aux Cours impériales le droit d'évoquer la connaissance de tous les crimes ou délits commis par des membres ou étudiants de l'Université. C'est là une simple faculté; et si le procureur général ou la Cour ne jugent pas à propos d'enlever les délinquants à la juridiction ordinaire, ceux-ci ne peuvent se retrancher derrière le décret de 1811 pour mettre obstacle à la citation directe en police correctionnelle par la partie lésée.

---

(1) Loi du 20 avril 1810, art. 10 : « Lorsque de grands officiers de la Légion d'honneur, des généraux commandant une division ou un département, des archevêques, des évêques, des présidents de consistoire, des membres de la Cour de cassation, de la Cour des comptes et des Cours impériales, et des préfets, seront prévenus de délits de police correctionnelle, les Cours impériales en connaîtront de la manière prescrite par l'art. 479, Cod. instr. crim. »

(2) Décret du 15 nov. 1811, art. 76 : « Les élèves des lycées et des colléges, au-dessous de 16 ans, ne seront justiciables, pour délits par eux commis dans l'intérieur de ces maisons, que de l'Université, sans préjudice de ce qui sera dit ci-après, tit. 7, art. 158 et suiv. »

Art. 82 : « Dans le cas où des tiers seraient intéressés dans la contestation, elle sera portée devant les tribunaux, si les tiers ne consentent pas à s'en rapporter au jugement du grand maître ou du conseil de l'Université. »

Art. 160 : « Nos procureurs-généraux pourront requérir et nos Cours ordonner que des membres de l'Université ou étudiants prévenus de crimes ou délits, soient jugés par lesdites Cours, ainsi qu'il est dit, pour ceux qui exercent certaines fonctions, à la loi du 20 avril, art. 10, et au Cod. d'instr. crim., art. 479. »

Les fonctionnaires de l'ordre administratif peuvent être cités devant les tribunaux correctionnels ou de simple police ; mais l'art. 75 de la Constitution de l'an viii (1) décide qu'ils ne peuvent être cités, *pour des faits relatifs à leurs fonctions*, qu'en vertu d'une autorisation du Conseil d'État.

Les militaires sont justiciables de tribunaux spéciaux qui, aux termes des art. 53 et 54 (2) de la loi du 9 juin 1857, ne connaissent que de l'action publique et nullement de l'action civile. — Il suit de là que les militaires ou les assimilés ne peuvent être cités par les parties civiles devant la juridiction répressive, à moins qu'il n'y ait des complices non militaires, ce qui rend les militaires justiciables des tribunaux ordinaires.

L'action civile peut être dirigée, en police correctionnelle et en simple police, non-seulement contre l'auteur du délit, mais encore contre la personne qui en est civilement responsable. On ne peut assigner celle-ci devant les tribunaux de police qu'autant que l'auteur du délit est lui-même mis en cause (Cass., 11 sept. 1818, 15 déc. 1827, 9 juin 1832) (3).

---

(1) Art. 75 : « Les agents du gouvernement, autres que les ministres, ne peuvent être poursuivis pour des faits relatifs à leurs fonctions, qu'en vertu d'une décision du Conseil d'Etat ; en ce cas, la poursuite a lieu devant les tribunaux ordinaires. »

L'art. 244 de la loi du 28 avril 1816 décide que les employés des contributions indirectes ne jouissent pas du privilége de l'art. 75 de la Const. de l'an viii. — L'autorisation de poursuivre les employés de l'administration des postes, des douanes et de l'enregistrement, est donnée par les directeurs généraux (Arrêtés du 9 pluviôse an x et du 29 therm. an xi).

(2) Art. 53 : « Les tribunaux militaires ne statuent que sur l'action publique, sauf les cas prévus par l'art. 75 du présent Code. Ils peuvent néanmoins ordonner, au profit des propriétaires, la restitution des objets saisis ou des pièces à conviction, lorsqu'il n'y a pas lieu d'en prononcer la confiscation. »

Art. 54 : « L'action civile ne peut être poursuivie que devant les tribunaux civils ; l'exercice en est suspendu tant qu'il n'a pas été prononcé définitivement sur l'action publique intentée avant ou pendant la poursuite de l'action civile. »

L'art. 75 ne se réfère qu'au cas où une armée est sur le territoire étranger.

(3) « LA COUR ; — Vu les art. 1, 3 et 145, Cod. instr. crim., l'art. 9, Cod. pén., et l'art. 1384, Cod. civ.; — Attendu qu'aux termes des art. 1 et 3, Cod. instr. crim., les tribunaux de répression devant lesquels

Pour citer valablement un mineur ou un interdit devant le tribunal de simple police ou le tribunal correctionnel, est-il nécessaire de mettre en cause le tuteur? La question est controversée ; je pense qu'on doit adopter l'affirmative. Il est admis généralement que le mineur *doli capax* s'oblige par son délit sans la participation de son tuteur. Mais il ne suit pas de là que l'action dirigée pour faire reconnaître cette obligation et la faire sanctionner par une condamnation à des dommages-intérêts doive être dirigée contre le mineur seul. Il est certain, au contraire, que si la demande était portée devant la juridiction civile, il serait nécessaire de citer le tuteur. — La difficulté provient donc du caractère mixte qu'a la citation devant le tribunal de répression. Mais il faut remarquer que, si l'action tend à faire prononcer une peine, elle tend aussi, et c'est là le but principal de la partie civile, à faire prononcer une condamnation pécuniaire. Or, si l'incapable peut défendre par lui-même à l'action publique tendant à l'application de la peine, il est légalement présumé hors d'état de défendre, autrement que par l'intermédiaire de son tuteur, à toute action tendant à compromettre ses intérêts pécuniaires ; et, je ne vois pas de raison pour lui enlever, en ce cas, la protection que la loi lui assure d'une manière générale.

§ 3. — Dans quelles affaires il y a lieu à citation.

Après avoir examiné les conditions inhérentes à la personne du demandeur et à celle du prévenu, il reste à examiner celles qui se rapportent au fait même qui donne lieu à l'action.

Il résulte, par *à contrario*, des art. 5, 6 et 7, Cod. instr. crim., que les tribunaux correctionnels ne sont compétents que pour statuer sur les délits commis en France ; par conséquent lors-

---

est poursuivie la punition des délits et contraventions ne sont compétents pour connaître de l'action civile qui en résulte, que lorsqu'ils se trouvent saisis en même temps de l'action publique contre le prévenu ; — Que l'art. 145 du même Code, qui permet de laisser la copie de la citation au prévenu ou à la partie civilement responsable, ne déroge point à ce principe ; d'où il suit que, lorsque cette dernière a seule été citée, le tribunal, qui n'a point à prononcer sur l'application de la peine, est, par cela même, incompétent pour statuer isolément sur l'action en dommages-intérêts, et que cette incompétence matérielle et absolue est véritablement d'ordre public ; ..... » —(Cass., 9 juin 1832, *Bull.* n° 208.)

qu'un délit aura été commis à l'étranger, même par un Français contre un Français, la victime ne pourra citer le délinquant devant un tribunal correctionnel français ; mais elle pourra lui demander des dommages-intérêts devant la juridiction civile.

La demande de la partie civile n'étant recevable qu'autant qu'il y a un dommage à réparer, il en résulte que celui qui cite en police correctionnelle ou en simple police doit alléguer un préjudice à lui causé par le fait délictueux. Ce préjudice doit être direct et personnel ; on ne serait pas fondé à demander réparation d'un préjudice dont on n'aurait souffert qu'indirectement, comme est, par exemple, celui que tout citoyen éprouve par suite d'un méfait qui porte atteinte au crédit ou au repos public. — Mais il suffit que le plaignant ait personnellement et directement souffert du délit ; il n'est pas nécessaire que le délit ait été commis envers lui. Ainsi un arrêt de la Cour impériale de Rouen, en date du 23 janv. 1863 (1), a décidé qu'en cas de chasse sans permission du propriétaire sur le terrain d'autrui non dépouillé de ses récoltes, le fermier, quoique n'ayant pas le droit de chasse, peut citer le délinquant en police correctionnelle, s'il allègue qu'une atteinte a été portée à ses récoltes.

La jurisprudence, en se fondant sur le principe que le préjudice doit résulter d'un délit, a décidé qu'il n'est pas possible à un particulier de citer en police correctionnelle pour habitude d'usure (2).

Il est cependant un cas où, par exception, la citation directe en police correctionnelle est recevable indépendamment de toute demande en dommages-intérêts. C'est celui où le syndic d'une faillite, autorisé par les créanciers, ou bien où un créancier individuellement assigne le failli devant le tribunal correctionnel, en vertu de l'art. 584, Cod. comm., pour lui faire appliquer

---

(1) Cet arrêt est indiqué dans les n°s de la *Gazette des Tribunaux* des 2 et 3 février 1863. Le journal n'en donne pas le texte.

(2) Arrêt : « LA COUR ; — En ce qui touche l'action civile : — Considérant qu'aux termes des art. 3 et 63 du Code d'instruction criminelle, l'action civile ne peut être portée devant les tribunaux de répression qu'autant qu'elle implique la demande en réparation d'un préjudice résultant d'un délit ; — Considérant que le délit d'habitude d'usure est un délit *sui generis* qui résulte, non de faits isolés, mais d'un ensemble de faits ; que le préjudice que subit la partie lésée en cette matière résulte, non de l'ensemble des faits, quel qu'en soit le nombre, mais de chacun des faits pris isolément, abstraction faite du caractère délictueux qui s'attache unique-

les peines de la banqueroute simple. — L'art. 601 (1) du même Code décide que, dans ce cas, aucune demande en réparation civile ne pourra être dirigée contre le failli devant la juridiction répressive. Le législateur a voulu éviter ainsi qu'un créancier pût se créer une position plus avantageuse que les autres en faisant condamner le failli comme banqueroutier et en se faisant allouer des dommages-intérêts.

§ 4. — De la maxime *Electá uná viá, non datur recursus ad alteram.*

Lorsqu'un particulier a éprouvé un préjudice par suite d'un délit ou d'une contravention, deux voies se présentent à lui pour en obtenir réparation. Il peut, ou bien s'adresser à la juridiction civile, ou bien citer le délinquant devant la juridiction répressive (2). Il est libre de choisir celle de ces deux voies qui lui

---

ment à leur accumulation ; — Et dès lors qu'en matière d'habitude d'usure, le dommage à réparer est antérieur au délit et ne saurait en résulter ; — Considérant que la loi du 3 sept. 1807, qui définit le délit d'habitude d'usure et en règle la poursuite, fait essentiellement la distinction ci-dessus, en attribuant exclusivement aux tribunaux civils l'action civile en réparation du dommage causé par des perceptions usuraires, et aux tribunaux de répression l'action publique ; — Par ces motifs, émendant....., déclare la partie civile non recevable devant la juridiction correctionnelle, et se déclare incompétente, décharge N... des condamnations prononcées contre lui, et condamne la partie civile en tous les dépens. » — C. de Paris, ch. corr. — 21 nov. 1861 (V. *Journal du droit criminel*, n° 7340).

(1) Art. 601 : « Dans tous les cas de poursuite et de condamnation pour banqueroute simple ou frauduleuse, les actions civiles autres que celles dont il est parlé dans l'art. 595, resteront séparées, et toutes les dispositions relatives aux biens, prescrites pour la faillite, seront exécutées sans qu'elles puissent être attribuées ni évoquées aux tribunaux de police correctionnelle ni aux Cours d'assises. »

L'art. 595 ne s'applique qu'au cas de détournement d'actif par d'autres que le failli, et au cas de présentation de créances fausses.

(2) Une exception à ce principe se trouve dans le décret du 22 mars 1848 ainsi conçu :

Art. 1er. « Les tribunaux civils sont incompétents pour connaître les diffamations, injures ou autres attaques dirigées par la voie de la presse ou par tout autre moyen de publication, contre les fonctionnaires ou contre tout citoyen revêtu d'un caractère public, à raison de leurs fonctions ou de leur qualité ; ils renverront devant qui de droit toute action en dommages-intérêts fondée sur des faits de cette nature. »

Art. 2. « L'action civile résultant des délits commis, par la voie de la convient le mieux ; mais, dès que ce choix est fait, il ne peut revenir sur sa décision, et celle des deux voies qu'il a négligée lui est fermée. C'est ce qu'exprime la maxime : « *Electâ unâ viâ, non datur recursus ad alteram.* »

Cette règle de droit a été établie par les commentateurs du Digeste et par les anciens jurisconsultes français ; elle n'est écrite nulle part dans nos lois actuelles, mais la jurisprudence l'a adoptée comme un principe d'équité et de raison. Toutefois, cette maxime doit être entendue et appliquée avec les distinctions suivantes, admises par les auteurs et la jurisprudence.

1° Si l'action a d'abord été portée devant la juridiction civile, le bénéfice de la juridiction la plus douce est acquis au défendeur, et le demandeur ne peut plus empirer la position de celui-ci en portant l'affaire devant la juridiction correctionnelle ou de police simple. — Il y a exception cependant pour le cas où les éléments constitutifs du délit, ignorés jusque-là du demandeur, ne lui seraient révélés qu'après la citation en conciliation ou l'exploit introductif d'instance.

2° Si l'action a d'abord été portée devant la juridiction répressive, et s'il y a eu jugement déboutant le demandeur, il ne peut pas porter l'action devant la juridiction civile, parce qu'il y a chose jugée. De même, il ne le peut pas si les débats ont été commencés à l'audience, parce qu'il y a lieu de penser que c'est la mauvaise tournure que prend l'affaire devant la juridiction répressive qui l'engage à tenter la voie civile. — Mais si la citation seulement est donnée devant le tribunal correctionnel ou de police, et si les débats ne sont pas entamés, le demandeur peut renoncer à la voie de la juridiction répressive pour adopter la voie civile, car il ne fait aucun tort au défendeur (V. Faustin Hélie, *Traité de l'instruct. crim.*, t. 2, ch. IV, § 123).

Il importe d'observer que, pour qu'il y ait lieu d'appliquer la règle « *Electâ unâ viâ, non datur recursus ad alteram* », il faut que la demande devant le tribunal de police correctionnelle ou de simple police soit la même que celle qui a été précédemment portée devant le tribunal civil. — Si, par exemple, on a demandé devant la juridiction civile la nullité d'une obligation,

---

presse ou par toute autre voie de publication, contre le fonctionnaire ou contre tout citoyen revêtu d'un caractère public, ne pourra, dans aucun cas, être poursuivie séparément de l'action publique ; elle s'éteindra de plein droit par le seul fait de l'extinction de l'action publique »

on peut, devant la juridiction correctionnelle, demander seulement des dommages-intérêts. C'est ce qui a été décidé par un arrêt de la Cour impériale de Paris en date du 24 juill. 1862 (1). — Ce même arrêt décide que, lors même qu'en vertu de la règle *Electâ unâ viâ*, l'action de la partie civile devant le tribunal correctionnel devrait être repoussée, la citation a cependant pour effet de saisir le ministère public, qui peut, en son nom propre, interjeter appel du jugement.

---

(1) Le tribunal de police correctionnelle de la Seine avait, le 21 mai 1862, rendu le jugement suivant :—« Attendu qu'il y a identité absolue entre la cause de l'instance actuellement soumise au tribunal de la Seine et celle dont a été saisi antérieurement le tribunal de Francfort ; — Que Charton, en obtenant par mandataire, à l'étranger, un jugement entraînant la contrainte par corps contre la femme Hemery, et en faisant incarcérer celle-ci en exécution de ce jugement, a épuisé les droits que la loi lui accorde ; — Qu'il n'est donc pas recevable dans sa nouvelle citation, en vertu de l'ancien adage : *Unâ viâ electâ, non datur recursus ad alteram ;* — Déclare Charton non recevable en sa demande. »

Sur l'appel du ministère public et de la partie civile, intervint, le 24 juill. 1862, l'arrêt suivant :

« LA COUR ; — En ce qui touche la fin de non-recevoir opposée à l'action civile : — Considérant que la femme Hemery est traduite en police correctionnelle sur la citation directe du sieur Charton, partie civile, pour escroquerie ; — Considérant que la condamnation civile que Charton a précédemment obtenue contre elle par jugement du tribunal de Francfort ne saurait faire obstacle à cette poursuite ; — Considérant, en effet, que l'objet de l'instance actuelle est essentiellement différente ; que, devant le tribunal de Francfort, Charton demandait le paiement d'une créance ; que cette action supposait un contrat dont Charton poursuivait et obtenait la sanction par une condamnation qui en ordonnait l'exécution ; qu'au contraire l'instance actuelle a pour objet implicite et nécessaire de faire prononcer la nullité de ce prétendu contrat qu'elle qualifie d'escroquerie, et d'obtenir la réparation d'un préjudice causé par un délit ; que l'objet de la demande étant essentiellement différent, il ne saurait y avoir chose jugée ; — Emendant, et faisant ce que les premiers juges auraient dû faire, déclare l'action de Charton recevable ; — En ce qui touche l'appel de M. le procureur général : — Considérant qu'en déclarant l'action correctionnelle non recevable, le jugement dont est appel a fait grief à l'action publique que l'action civile avait mise en mouvement, et dont le tribunal s'est implicitement dessaisi en ne retenant pas la cause pour statuer au fond ; — Déclare l'appel de M. le procureur général recevable ; — En tout cas, évoquant le fond....., etc. »

V. *Gazette des tribunaux* du 31 juill. 1862, et *Journ. du Min. publ.*, t. 5, p. 199.

§ 5. — De la chose jugée.

La citation directe en police correctionnelle par partie civile appelant le tribunal à statuer tout à la fois sur l'action publique et sur l'action civile, il faut, pour que la citation soit recevable, qu'il n'y ait chose jugée sur aucune de ces deux actions.

Si la juridiction civile a été saisie d'abord, et si, postérieurement, la même demande formée pour les mêmes motifs entre les mêmes personnes est portée devant la juridiction répressive, cette demande doit être déclarée non recevable, soit qu'il y ait eu au civil jugement au fond parce qu'il y a eu chose jugée, soit qu'il y ait eu désistement, en vertu de la maxime *Electâ unâ viâ*. Si la demande n'était pas la même, mais si les faits allégués et les personnes en cause étaient les mêmes, l'action en police correctionnelle devrait-elle être écartée par une fin de non-recevoir tirée de la chose jugée? Je ne le pense pas. Un arrêt de la Cour de cassation, du 30 mars 1832 (1), décide, il est vrai, qu'une femme est non recevable à se plaindre en police correctionnelle de l'entretien, par son mari, d'une concubine au domicile conjugal, si elle a déjà porté ce grief devant les tribunaux civils pour obtenir sa séparation de corps, et si sa demande a été rejetée. Mais cet arrêt me paraît en contradiction flagrante avec l'art. 1351, Cod. Nap., qui exige, pour que l'on puisse exciper de la chose jugée, *que la chose demandée soit la même*.

Un autre arrêt de la Cour de cassation, du 16 nov. 1861 (2),

---

(1) *J. dr. crim.*, 1832, p. 111.

(2) Arrêt : «—...Attendu, en droit, que la maxime *Unâ viâ electâ, non datur recursus ad alteram*, et l'exception de litispendance, ne peuvent être invoquées qu'autant qu'il y a identité dans l'objet des deux actions et identité des parties qu'elles mettent en cause; — Attendu, en fait, que l'action portée le 8 avril 1861, devant le tribunal de commerce de la Seine, contre de Grimaldi fils, à la requête des commissaires des actionnaires de la Société des salines, houillère et fabrique de produits chimiques de Gouhenans, avait pour objet de faire prononcer la révocation de Grimaldi fils comme gérant de ladite société, et la nomination d'un administrateur provisoire; que, d'une autre part, l'action introduite le 8 mai suivant, à la requête des mêmes commissaires, contre les sieurs de Grimaldi père et de Grimaldi fils, devant le tribunal correctionnel de la Seine, avait pour objet de dénoncer à la justice répressive des délits prévus par les art. 405, 408, C. pén., et par la loi de juill. 1856, imputés à de Grimaldi fils comme auteur principal, et à de Grimaldi père comme complice, et d'obtenir contre

qui me paraît plus conforme aux principes, décide que des actionnaires d'une société qui ont assigné le gérant devant le tribunal de commerce pour faire prononcer sa révocation à raison de fraudes articulées, peuvent ensuite le citer au correctionnel en présentant ces fraudes comme abus de confiance ou escroquerie, cette action ayant un autre objet que la première, c'est-à-dire la réparation civile du préjudice causé par un délit.

J'ai dit qu'il est nécessaire, pour que l'action civile puisse être portée devant la juridiction répressive, que l'action publique puisse encore être exercée. Or, il y a chose jugée, empêchant l'action publique, non-seulement quand un jugement est intervenu au fond, mais encore quand le juge d'instruction, saisi de l'affaire, a rendu une ordonnance portant qu'il n'y a lieu à suivre. — La Cour de cassation, par arrêt du 18 avr. 1812 (1), a décidé que la partie lésée, *sur la plainte de laquelle* est intervenue une ordonnance de non-lieu, n'est pas recevable à citer directement, à sa requête, le prévenu en police correctionnelle. Dans ce cas, il y a, en effet, chose jugée entre la partie lésée et

---

les susnommés la réparation du préjudice qu'auraient occasionné aux actionnaires de la société les faits délictueux dont il s'agit ; que les deux demandes susénoncées n'avaient donc pas le même objet ; que, si elles étaient appuyées sur les mêmes faits et fondées sur les mêmes causes, elles tendaient à un but différent, puisqu'elles concluaient, la première, à la révocation du gérant, et la seconde à la réparation du dommage occasionné aux actionnaires par les délits dénoncés à la juridiction correctionnelle ; — Que, d'autre part, les deux instances ne mettaient pas les mêmes parties en cause, puisque de Grimaldi père, cité devant le tribunal correctionnel, n'avait pas été assigné devant le tribunal de commerce ; — Qu'en cet état l'arrêt attaqué n'a violé ni la maxime *Unâ viâ electâ*, ni les art. 171, Cod. pr. civ., 1351, C. Nap., et 360, C. instr. crim...... » (*Bull.*, n° 239).

(1) Arrêt : « LA COUR ; — Attendu que la réclamante a provoqué elle-même, par sa plainte, l'action du ministère public ; que cette action a été suivie d'un jugement (ordonnance de la chambre du conseil) portant qu'il n'y avait lieu de poursuivre ; que contre ce jugement il n'a été formé aucune opposition, ni par le ministère public, ni par la réclamante ; que de ces considérations il résulte que l'arrêt dénoncé, en jugeant que la demanderesse n'avait pas pu valablement user de la faculté accordée par l'art. 182, C. instr. crim., de saisir, dans ces circonstances, le tribunal correctionnel par une citation par elle donnée postérieurement à l'ordonnance de la chambre du conseil, ne présente aucune violation de la loi ; — Par ces motifs, rejette. » (V. Dalloz, *Rép.*, v° *Chose jugée*, n° 496).

2

l'inculpé. Je pense que l'on doit décider de même pour le cas où l'ordonnance de non-lieu est intervenue sur des poursuites dirigées par le ministère public seul. En effet, l'ordonnance portant qu'il n'y a lieu à suivre est acquise à l'inculpé; les poursuites ne peuvent être reprises que s'il se révèle des charges nouvelles; or c'est au ministère public et au juge d'instruction seulement qu'il appartient de déclarer qu'il y a charges nouvelles.

En cas d'ordonnance de non-lieu, la partie lésée n'aura donc d'autre recours que la voie de l'opposition qui lui est ouverte par l'art. 135, Cod. instr. crim.

§ 6. — De la prescription, de l'amnistie et de la mort de l'inculpé.

De ce principe que l'action en dommages-intérêts ne peut être portée devant la juridiction répressive que lorsque l'action publique est encore possible, il résulte que lorsque l'action publique est prescrite, il n'est plus possible de citer devant les tribunaux de police correctionnelle et de simple police. Il résulte des art. 638 et 640, Cod. instr. crim., que la demande n'est même plus recevable devant la juridiction civile.

L'amnistie et la mort de l'auteur du délit éteignent aussi l'action publique, et mettent obstacle à la citation directe en police correctionnelle; mais ces causes n'arrêtent pas l'action devant la juridiction civile.

CHAPITRE II. — *De la citation.*

§ 1er. — De la forme de la citation.

On ne peut, en général, être jugé et condamné, devant la juridiction répressive, qu'en vertu d'une citation donnée suivant les formes et dans les délais voulus par la loi. — Cependant l'art. 147 (1), Cod. instr. crim., permet de condamner, en simple

---

(1) Art. 145 : « Les citations pour contraventions de police seront faites à la requête du ministère public ou de la partie qui réclame. — Elles seront notifiées par un huissier ; il en sera laissé copie au prévenu ou à la personne civilement responsable. »

Art. 146 : « La citation ne pourra être donnée à un délai moindre de vingt-quatre heures, outre un jour par trois myriamètres, à peine de nullité, tant de la citation que du jugement qui serait rendu par défaut. —

police, sur comparution volontaire des parties, et en vertu d'un simple avertissement ; mais défaut ne peut être pris en ce cas. La jurisprudence applique ces principes aux matières de police correctionnelle (Cass., 18 avr. 1822, 25 janv. 1828) (1).

La loi ne détermine aucune forme particulière pour les citations devant les tribunaux de simple police. — L'art. 145, Cod. instr. crim., exige seulement qu'elles soient notifiées par un huissier et qu'il en soit laissé copie au prévenu ou à la personne civilement responsable. L'art. 146 du même Code règle que la citation ne pourra être donnée à un délai moindre de vingt-quatre heures, outre un jour par trois myriamètres.

Les citations en police correctionnelle doivent aussi être signifiées par un huissier. Les administrations publiques qui sont assimilées aux parties civiles font faire, par l'intermédiaire de leurs agents, toutes les citations et notifications nécessaires. Mais, dans tous les cas, le signataire de l'acte de citation doit faire connaître sa qualité ; l'omission de cette indication rendrait nulle la citation (Toulouse, 27 déc. 1826).

Néanmoins, cette nullité ne pourra être proposée qu'à la première audience, avant toute exception et défense. — Dans les cas urgents, les délais pourront être abrégés et les parties citées à comparaître, même dans le jour, et à heure indiquée, en vertu d'une cédule délivrée par le juge de paix. »

Art. 147 : « Les parties pourront comparaître volontairement et sur un simple avertissement, sans qu'il soit besoin de citation. »

(1) Arrêt du 18 avril 1822 : —« LA COUR ; — Vu les art. 408 et 416, Cod. instr. crim., d'après lesquels la Cour de cassation doit annuler les arrêts et jugements en dernier ressort qui ont violé les règles de compétence ; — Considérant que les dispositions de l'art. 182, Cod. instr. crim., sur la manière de saisir les tribunaux correctionnels, ne sont point conçues dans des termes restrictifs, et qu'aucun autre article du même Code ne défend aux parties de se présenter volontairement devant lesdits tribunaux, sans citation préalable ou ordonnance de renvoi ; — Que la comparution volontaire et spontanée des parties peut donc valablement saisir les tribunaux correctionnels, lorsque la connaissance du fait qui leur est déféré se trouve d'ailleurs placée dans leurs attributions ; — Que, dans l'espèce, l'administration forestière et Joseph Burlin se sont volontairement présentés devant le tribunal correctionnel de Rocroy, pour y voir statuer sur un délit de chasse dont ledit Burlin était prévenu ; — Que ce délit étant de la compétence des tribunaux correctionnels, le tribunal de Rocroy en a été valablement saisi, et qu'ainsi il a compétemment procédé en condamnant le prévenu, d'après les preuves acquises du délit, aux peines portées par la loi... » (Bull. n° 62.)

L'art. 61, Cod. proc., énumère les formalités nécessaires pour la validité des exploits en matière civile. — On s'est demandé si les prescriptions de cet article sont applicables aux citations en police correctionnelle. — La jurisprudence s'est prononcée d'une manière à peu près unanime pour la négative (Cass., 5 mai 1809, 8 juin 1809, 2 août 1819, 30 déc. 1825, 25 janv. 1828, 14 janv. 1830 (1), etc.).

Les art. 183 et 184 (2), Cod. instr. crim., exigent trois conditions : 1° l'élection de domicile par la partie civile ; 2° l'énonciation des faits ; 3° l'observation des délais légaux. — Ces conditions ne sont certainement pas les seules qui soient nécessaires pour la validité de la citation ; il en est quelques autres pour lesquelles il faut suppléer au silence de la loi ; mais il n'y a lieu de les exiger qu'autant qu'elles paraissent substantielles au droit de la défense.

1° La partie civile doit faire, par l'acte de citation, élection de domicile dans la ville où siége le tribunal qui connaîtra de l'affaire. — Cette prescription a pour but d'accélérer la procédure et de diminuer les frais ; toutes les significations faites à la partie civile, tant de la part du ministère public que de celle du prévenu, sont faites au domicile élu. — Le défaut d'élection de domicile par la partie plaignante n'est pas une cause de nullité de la citation, mais seulement la rend non recevable à se prévaloir

---

(1) Arrêt du 14 janvier 1830 : — « LA COUR ; — Attendu que les formes dans lesquelles les citations doivent être données en matière correctionnelle sont déterminées par les art. 182, 183 et 184, Cod. instr. crim.; qu'aucun de ces articles ne prononce la nullité des citations, et qu'il suffit que le prévenu ait eu connaissance qu'il était cité devant le tribunal correctionnel pour répondre sur le fait qui lui était imputé ; — D'où il suit que les dispositions du Code de procédure civile, relatives aux formalités des exploits en matière civile, ne sont pas applicables en matière correctionnelle... etc. » (Bull. n. 14.)

V. aussi *Journ. du Minist. publ.*, Art. 312 (t. 3, p. 275).

(2) Art. 183 : « La partie civile fera, par l'acte de citation, élection de domicile dans la ville où siége le tribunal ; la citation énoncera les faits et tiendra lieu de plainte. »

Art. 184 : « Il y aura au moins un délai de trois jours, outre un jour par trois myriamètres, entre la citation et le jugement, à peine de nullité de la condamnation qui serait prononcée par défaut contre la personne citée. — Néanmoins, cette nullité ne pourra être proposée qu'à la première audience, et avant toute exception ou défense. »

du défaut de notification des actes qui pourraient l'intéresser (Bourges, 30 juin 1841).—L'élection de domicile rend superflue la mention, dans la citation, du domicile réel de la partie plaignante.

2° Il faut nécessairement que la citation énonce les faits. Cette énonciation doit être assez explicite pour que la personne citée sache de quoi elle est prévenue et sur quelles données elle doit préparer sa défense (Cass., 8 déc. 1848); on ne pourrait se borner à se référer à une plainte déposée au parquet (Cass., 21 août 1835) (1). — Mais toute énonciation est suffisante lorsqu'elle fait clairement connaître au prévenu les faits sur lesquels il aura à répondre. — Ainsi, il a été jugé qu'il n'est pas nécessaire d'indiquer la date du délit, et qu'au cas même où une date inexacte a été indiquée, la citation n'est pas nulle, si le prévenu n'a pu être induit en erreur sur le fait auquel se référait la citation (Cass., 11 mars 1837, 30 janv. 1846) (2). — Par

---

(1) Arrêt : « LA COUR ;—Vu l'art. 183, Cod. instr. crim., et l'art. 6 de la loi du 26 mai 1819 ; — Attendu que le sieur Sigaud, en assignant directement le sieur Pitrat devant le tribunal de police correctionnelle, à raison de la diffamation dont il croyait avoir à se plaindre, devait insérer dans la citation une énonciation des faits dont il se plaignait, avec l'indication de l'article de la loi pénale dont il provoquait l'application, de manière que le sieur Pitrat, prévenu, connût clairement, par cet exploit, l'imputation dont il avait à se défendre ; — Attendu qu'au lieu des énonciations explicites qu'il devait contenir, l'exploit indique seulement que le prévenu aura à répondre sur les interpellations qui lui seront faites, et se réfère à la plainte déposée au parquet, tandis que le dépôt préalable de cette plainte au parquet n'est pas constaté conformément aux art. 31 et 65, Cod. instr. crim., et que, d'ailleurs, rien ne pouvait obliger le prévenu à aller au parquet pour s'informer de la nature de la prévention portée contre lui ; — Attendu que, dès lors, la citation donnée à la requête du sieur Sigaud, pour saisir la juridiction correctionnelle de l'action par lui portée contre le sieur Pitrat, a été nulle aux termes des articles précités ; — Casse, etc. » (Bull. n° 320.)

(2) Arrêt du 11 mars 1837 : — « LA COUR ; — Vu les art. 183 et 154, Cod. instr. crim., portant, le premier, que les citations en matière correctionnelle énonceront les faits ; le second portant que les contraventions et délits pourront être prouvés par procès-verbaux, et témoins à défaut de procès-verbaux ou à leur appui ; — Vu, enfin, l'art. 408 du même Code ; — Attendu que la citation donnée aux prévenus, touchant le délit de chasse sans permis de port d'armes, était revêtue des formalités substantielles requises pour ces sortes d'actes, et satisfaisait au vœu de l'art. 183, Cod.

exception cependant, en certaines matières (matières forestières,
art. 172 Cod. forest.;—pêche fluviale, art. 49 de la loi du 15 avr.
1829), la loi veut que le procès-verbal soit transcrit en tête de
la citation.

Mais si la citation doit contenir un énoncé des faits, il n'est
pas nécessaire qu'elle mentionne ni les conclusions du demandeur, ni les moyens sur lesquels il se fonde (Cass., 19 déc.
1834) (1). — En effet, aucun texte n'exige ces mentions, et la

---

instr. crim., puisqu'elle désignait clairement la personne citée et le fait
objet de la prévention ;—Attendu que, si cette citation renferme une erreur
de date, et présente comme ayant eu lieu, le 14 septembre, un fait qui, selon
débat du procès, se serait passé le 13, cette erreur ne viciait pas la citation, et ne pouvait en rien dénaturer le fait de la poursuite énoncé en cette
citation ; qu'il ne paraît pas même avoir été articulé que les prévenus, par
cette différence de jour, eussent pu être induits en une erreur réelle ; —
Attendu, de plus, qu'il résulte d'un procès-verbal régulier que le délit imputé aurait été commis le 13 ; — Attendu qu'en cet état le ministère public
ayant demandé à faire entendre des témoins pour établir que le fait se serait réellement passé ce jour-là, la Cour royale d'Amiens n'a point statué
sur ces conclusions, par le motif qu'elle ne pouvait juger que l'objet de la
demande;... Et attendu qu'en décidant ainsi, la Cour royale d'Amiens a violé
les art. 154 et 183, Cod. instr. crim., et l'art. 408 du même Code, etc... »
(Bull. n° 79.)

(1) Arrêt du 19 déc. 1834 : — « LA COUR ; — Vu le mémoire pré-
senté par le directeur de l'administration des forêts à l'appui de son pourvoi ; — Vu l'art. 183, Cod. instr. crim.; — Attendu qu'aucune loi n'exige,
pour la validité des citations en matière correctionnelle, qu'elles contiennent
les conclusions du demandeur ou l'indication de la loi pénale invoquée ; —
Qu'à la vérité, l'art. 61, Cod. proc. civ., exige que tout ajournement, en
matière civile, contienne l'objet de la demande et l'exposé sommaire des
moyens; mais que cette disposition n'est point applicable aux citations en
matière correctionnelle, pour la validité desquelles il suffit, d'après l'article 183, Cod. instr. crim., qu'elles énoncent les faits ; — Attendu que,
par exploit du 2 nov. 1833, régulier d'ailleurs en la forme, Marc Rebrochet a été cité devant le tribunal de police correctionnelle de Nantua à la
requête de l'administration des forêts ; que, si la copie de la citation délivrée au prévenu ne contenait pas l'énonciation du fait, il avait reçu en
même temps copie, conformément à l'art. 172, Cod. forest., du procès-verbal dressé contre lui ; que cette copie lui faisait clairement connaître le
fait pour lequel il était cité, et satisfaisait au vœu dudit art. 183, Cod.
instr. crim.; — Que cependant le tribunal de Bourg a déclaré nulle la citation donnée à Rebrochet, sous le prétexte qu'elle ne contenait ni les conclusions du demandeur ni l'indication de la loi pénale invoquée ; — En quoi il

loi ne considère pas comme nécessaire, pour l'exercice du droit
de défense, que la nature et le montant des dommages-intérêts
demandés soient connus du prévenu un certain temps avant
l'audience, puisque, aux termes de l'art. 67, Cod. instr. crim., la
partie lésée peut, dans les affaires poursuivies à la requête du
ministère public, se porter partie civile en tout état de cause.

3° Aux termes de l'art. 184, Cod. instr. crim., il doit y avoir
un délai de trois jours entre la citation et l'audience pour laquelle ce prévenu est assigné. Ces trois jours doivent être francs,
c'est-à-dire que celui où la citation est donnée et celui auquel
on doit comparaître n'y sont pas compris. De plus, si le prévenu
n'est pas domicilié dans la ville où siége le tribunal, on doit
ajouter un jour par trois myriamètres de distance.

La citation à un délai plus court que celui qui est fixé par la
loi n'est pas nulle pour cela ; elle rend seulement nul le jugement qui serait prononcé par défaut. — Si le prévenu comparaît
au jour indiqué, et s'il se défend au fond, il ne peut plus se prévaloir de l'inobservation des délais pour la citation. — Il importe, à ce sujet, de remarquer la différence qui existe entre les
dispositions des art. 146 et 184, Cod. instr. crim., relatifs, l'un
aux citations données devant le tribunal de simple police et
l'autre aux citations données devant le tribunal de police correctionnelle. En simple police, non-seulement le jugement par
défaut intervenu sur une citation donnée à trop bref délai est
nul, mais encore la citation elle-même est annulée, de telle
sorte que cette citation n'interrompt pas la prescription. Au contraire, en police correctionnelle, la citation subsiste avec son
effet interruptif de la prescription (Cass., 2 avr. 1819, 15 fév.
1821, 14 avr. 1832) (1).

---

a faussement appliqué l'art. 61, Cod. proc. civ., violé l'art. 183, Cod. instr.
crim., et commis un excès de pouvoir;.... etc. » (Bull. n° 407.)

(1) Arrêt du 15 févr. 1821 : — « LA COUR ; —Vu les art. 146 et 184,
Cod. instr. crim.; — Et attendu que si, d'après le premier de ces articles,
et en matière de simple police, la citation doit porter le délai prescrit à
peine de nullité, tant de la citation que du jugement qui serait rendu par
défaut, il n'en est pas de même de l'art. 184 portant que « en matière de
police correctionnelle, il y aura au moins un délai de trois jours, outre un
jour par trois myriamètres, entre la citation et le jugement, à peine de
nullité de la condamnation qui serait prononcée par défaut contre la personne citée » ; — Que de cette disposition il résulte seulement que le pré-

Quant aux conditions qui ne sont formellement imposées par aucun texte de loi, j'ai dit que la jurisprudence n'exige que celles qui peuvent être considérées comme substantielles au droit de la défense. — Ainsi, il faut que la personne à laquelle la citation est donnée y soit désignée ; mais peu importe qu'elle le soit par ses noms et prénoms, par le titre de sa fonction seulement ou de toute autre manière, pourvu qu'il ne puisse y avoir d'incertitude sur la personne citée (Cass., 24 déc. 1846 ; Grenoble, 8 mai 1824) (1). — Comme il est nécessaire d'établir que les citations ont dû parvenir aux personnes citées, la jurisprudence applique aux matières de police correctionnelle les principes contenus dans l'art. 68, Cod. proc., c'est-à-dire que les citations doivent être données à personne ou à domicile ; ou, si le domicile est inconnu, au lieu de la résidence, et si la résidence n'est pas connue, au parquet du procureur impérial, avec affiche à la porte de l'auditoire du tribunal (2). — Un jugement du tribunal de Mont-de-Marsan, du 4 déc. 1833, et un arrêt de la Cour de Pau, du 8 janv. 1834, ont décidé que, le Code d'instruction criminelle ne disant pas positivement dans quel lieu doit être assigné un prévenu, on doit, sur ce point comme sur tous les autres, concilier autant que possible l'intérêt public avec l'équité, et que, par conséquent, les militaires en activité de service, cités en police correctionnelle, doivent être assignés à leur corps et non au domicile qu'ils avaient avant leur départ. « Il serait, dit le jugement, d'une injustice criante qu'un homme absent de son domicile, par des motifs connus et légitimes, pût être poursuivi correctionnellement et condamné, d'une manière irrévocable, à des peines sévères lorsqu'il lui serait physiquement impossible de savoir qu'aucune action aurait été intentée contre lui (3). » — Cette décision me paraît parfaitement équi-

---

venu cité devant un tribunal correctionnel à un délai plus court que celui prescrit par cet art. 184, pourrait faire annuler la condamnation par défaut qui serait prononcée contre lui, sans qu'il eût comparu, sur une citation donnée à trop bref délai, et que, dans le cas de cette condamnation, il n'en devrait pas supporter les frais ; mais que la citation ne perdrait pas son effet ; que la loi ne permettrait pas d'en prononcer l'annulation... etc.» (Bull. n° 21.)

(1) V. aussi *Journ. du Minist. publ.*, Art. 312 (t. 3, p. 275.)

(2) V. *Journ. du Minist. publ.*, Art. 455 (t. 5, p. 49).

(3) Voir Sirey, année 1834, 2e partie, p. 346.

table, et je pense qu'on devra l'étendre à tous les cas où, le domicile et la résidence du prévenu étant distincts, il sera certain qu'une citation donnée à son domicile ne lui parviendra pas en temps utile.

Une observation qui s'applique à toutes les règles relatives aux citations, c'est que la comparution des parties et la défense au fond couvrent toutes les irrégularités. Mais la seule comparution du prévenu pour se plaindre des irrégularités ne couvre pas la nullité de la citation (Cass., 6 oct. 1826).

La loi n'exige aucune plainte faite soit au ministère public, soit au juge d'instruction, avant de donner la citation en police correctionnelle. L'art. 183, Cod. instr. crim., déclare que la citation tient lieu de plainte. Il s'est introduit toutefois en usage que les huissiers, avant de donner une citation en police correctionnelle, demandent au parquet la fixation d'un jour. Il est nécessaire, en effet, pour éviter l'encombrement, de répartir également les affaires en différentes audiences ; et, d'un autre côté, il est bon que le ministère public ne soit pas informé, pour la première fois à l'audience, de délits dont il pourrait juger à propos de poursuivre lui-même la répression.

L'article 160 du décret du 18 juin 1811 (1) exige des parties civiles la consignation préalable d'une somme destinée à couvrir les frais probables de l'instance. La jurisprudence d'un certain nombre de tribunaux n'applique cet article qu'aux parties civiles qui se joignent à une poursuite intentée par le ministère public. Cependant les termes de l'art. 160 sont généraux, et nulle raison ne peut justifier cette distinction ; il est vrai que les parties civiles qui citent directement font l'avance des frais de citation ; mais il est certains frais, notamment ceux du jugement, dont elles ne font pas l'avance et dont il est bon de s'assurer le recouvrement.— Deux circulaires du garde des sceaux, en date des 3 mai 1825 et 18 juill. 1832, ont décidé que l'art. 160 doit être appliqué aux citations directes par parties civiles ; cette interprétation est corroborée par un arrêt de la Cour de cassa-

---

(1) Art. 160 du décret du 18 juin 1811 : « En matière de police simple ou correctionnelle, la partie civile qui n'aura pas justifié de son indigence sera tenue, avant toutes poursuites, de déposer au greffe, ou entre les mains du receveur de l'enregistrement, la somme présumée nécessaire pour les frais de procédure. — Il ne sera exigé aucune rétribution pour la garde de ce dépôt, à peine de concussion. »

tion du 14 juill. 1831 (1). — Les indigents ne sont pas soumis à cette nécessité de consigner; l'indigence est constatée par la production de certificats délivrés suivant les prescriptions de l'art. 420, Cod. instr. crim.; il n'y a pas lieu de demander l'assistance judiciaire, le titre 2 de la loi du 22 janv. 1851 ne prévoyant pas ce cas.

Si la poursuite par citation directe en police correctionnelle est exercée par un étranger, il est tenu de donner caution, aux termes de l'art. 16, Cod. Nap. Cette prescription ne fait pas double emploi avec l'obligation de consigner; car l'art. 160 du décret de 1811 n'oblige qu'à garantir le paiement des frais, tandis que la caution exigée par l'art. 16, Cod. Nap., est destinée à donner sûreté pour la condamnation aux dommages-intérêts qui pourront être alloués au prévenu pour le préjudice à lui causé par la demande.

---

(1) Extrait de la circulaire du 3 mai 1825 : « Une autre obligation es imposée à la partie civile par l'art. 160 du règlement (en matière correctionnelle ou de simple police). Lorsqu'elle ne justifie pas de son indigence dans la forme prescrite par l'art. 420, Cod. instr. crim., elle est tenue, avant toute poursuite, de déposer au greffé ou entre les mains du receveur de l'enregistrement, la somme présumée nécessaire pour les frais de la procédure... Je désire qu'à l'avenir les sommes qui auront été exigées des parties civiles à titre d'avance sur les frais, soient versées exclusivement entre les mains des greffiers. Ainsi, le ministère public pourra en surveiller l'emploi. Il les fera servir à l'acquittement des frais dont les parties civiles sont personnellement tenues... »

Extrait de la circulaire du 18 juil. 1832 : « La consignation préalable des frais est exigible, de quelque manière que la partie civile se constitue, c'està-dire, soit qu'elle prenne cette qualité en rendant plainte, soit qu'elle cite le prévenu directement. C'est ce qui résulte du sens général et absolu de l'art. 160 du décret du 18 juin 1811, ainsi que la Cour de cassation l'a plusieurs fois jugé, notamment par un arrêt du 14 juill. 1831. Le montant de la consignation doit être évalué d'après la totalité des frais dont la partie civile est responsable; et, s'il s'élève un débat à ce sujet, entre cette partie et le ministère public, il faut en référer au tribunal pour qu'il fixe la somme qui doit être consignée. »

Arrêt du 14 juill. 1831 : — « LA COUR ; — Vu les art. 156, 157, 158, 159 et 160 du décret du 18 juin 1811; — Attendu que les termes dudit art. 160 sont généraux et absolus ; que, de leur combinaison avec les art. 156, 157, 158 et 159, il résulte qu'ils ne distinguent point entre les parties civiles jointes, dans une instance, à la poursuite du ministère public et celles qui poursuivent directement; — Que, par conséquent, lorsque

§ 2. — Devant quel tribunal doit être donnée la citation.

La question de savoir si le prévenu sera cité devant le tribunal de simple police ou le tribunal de police correctionnelle, doit être décidée d'après la peine applicable, et non pas d'après la valeur des dommages-intérêts qui peuvent suivre la condamnation. En effet, l'art. 161 (1), Cod. instr. crim., en donnant au juge le droit d'allouer des dommages-intérêts en cas de contravention, ne met pas de limite à cette faculté; et l'art. 139 (2), § 3, du même Code, dit formellement que les juges de paix peuvent connaître des contraventions à raison desquelles la partie qui réclame conclut, pour ses dommages-intérêts, à une somme indéterminée (en ce sens, arrêt de cass. du 27 juillet 1827) (3).

---

les parties civiles poursuivent la réparation des délits qui leur font grief, et qu'elles n'ont pas justifié de leur indigence, elles ne sont point affranchies de l'obligation de déposer au greffe, ou entre les mains du receveur de l'enregistrement, la somme présumée nécessaire pour les frais de la poursuite; — Que si la partie civile a déjà fait l'avance de quelques frais sur sa poursuite directe, la somme à déposer doit être moindre; que s'il y a débat entre le ministère public et cette partie sur la quotité de la somme à déposer, c'est au tribunal de l'arbitrer d'après la considération de la nature de l'affaire, des taxes de témoins, des droits de greffe et d'enregistrement;... etc. (Bull. n° 162.)

(1) Art. 161 : « Si le prévenu est convaincu de contravention de police, le tribunal (de simple police) prononcera la peine et statuera par le même jugement sur la demande en restitution et en dommages-intérêts. »

(2) Art. 139 : « Les juges de paix connaîtront exclusivement (aux maires) ... 3° des contraventions à raison desquelles la partie qui réclame conclut, pour ses dommages-intérêts, à une somme indéterminée ou à une somme excédant quinze francs... »

(3) Arrêt :—« ..... Attendu qu'au lieu d'appliquer à cette contravention les peines de police déterminées par les lois, le tribunal de police de Soissons s'est déclaré incompétent, sous prétexte que le résultat de l'application de ces peines pourrait être la suppression de l'établissement formé au mépris des lois et des règlements; ce qui entraînerait alors des condambations d'une somme indéterminée et excédant la compétence des tribunaux de simple police; — Attendu d'abord que, devant le tribunal de police de Soissons, les conclusions du ministère public se bornaient à requérir la condamnation à l'amende; — Attendu d'ailleurs que la compétence des tribunaux de police se détermine par la quotité de l'amende, et non par la valeur des

Quant à la compétence *ratione personæ,* le tribunal de simple police compétent est toujours celui dans le ressort duquel la contravention a été commise (V. art. 137 et suiv., Cod. instr. crim.). — Pour les tribunaux de police correctionnelle, les art. 23 et 63 (1), Cod. instr. crim., établissent une triple compétence : celle du lieu où le délit a été commis, celle du domicile du délinquant, et enfin celle de l'endroit où il aura pu être trouvé. — D'un autre côté, l'art. 59, Cod. proc. civ., déclare que « en matière personnelle, le défendeur sera assigné devant le tribunal de son domicile; s'il n'a pas de domicile, devant le tribunal de sa résidence. » — Laquelle de ces deux dispositions doit-on appliquer aux citations données directement en police correctionnelle par les parties civiles? Je pense que, la citation directe étant essentiellement une action correctionnelle, et étant régie par tous les principes du droit criminel, il convient d'appliquer la compétence plus large fixée par le Code d'instruction criminelle. C'est, du reste, ce que paraît indiquer l'art. 63 de ce Code, qui permet aux particuliers de porter plainte devant le juge d'instruction d'un des trois endroits désignés plus haut; or, la plainte dont parle l'art. 63 peut être assimilée à la citation, en ce qu'elle saisit le juge d'instruction comme la citation saisit le tribunal.

---

dommages et intérêts qui peuvent suivre la condamnation ; que la démolition des maisons ou établissements élevés en contravention aux règlements de police étant considérée comme dommages et intérêts, peut toujours, quand elle est requise, et par suite de la condamnation à l'amende, être prononcée par le tribunal de police, quelle que soit la perte, pour le condamné, résultant de cette démolition; d'où il suit que le tribunal de police de Soissons a méconnu les règles de sa compétence, et formellement violé l'ordonnance royale du 14 janv. 1815, le décret du 15 oct. 1810, les lois des 24 août 1790 et 22 juill. 1791, ainsi que l'art. 161, Cod. instr. crim.; — La Cour, casse, etc. » (Bull. 1827, n° 200.)

(1) Art. 23 : « Sont également compétents pour remplir les fonctions déléguées par l'article précédent, le procureur impérial du lieu du crime ou délit, celui de la résidence du prévenu et celui du lieu où le prévenu pourra être trouvé. »

Art. 63 : « Toute personne qui se prétendra lésée par un crime ou délit pourra en rendre plainte et se constituer partie civile devant le juge d'instruction, soit du lieu du crime ou délit, soit de la résidence du prévenu, soit du lieu où il pourra être trouvé. »

CHAPITRE III. — *Des débats à l'audience et du jugement.*

§ 1er. — Débats et incidents.

La partie civile doit, à l'audience, prendre des conclusions. Ces conclusions sont prises : en simple police, après la lecture du procès-verbal ; en police correctionnelle, dès le début de l'audience et en exposant l'affaire (art. 153, 190, Cod. instr. crim.) (1).

Le ministère des avoués n'est pas nécessaire pour agir en police correctionnelle ; aux termes de l'art. 190, Cod. instr. crim., les conclusions peuvent être prises et l'exposé peut être fait, soit par le plaignant en personne, soit, s'il l'aime mieux, par un avoué ou un avocat (2)

---

(1) Art. 153 : « L'instruction de chaque affaire (devant le tribunal de simple police) sera publique, à peine de nullité. Elle se fera dans l'ordre suivant : Les procès-verbaux, s'il y en a, seront lus par le greffier ; les témoins, s'il en a été appelé par le ministère public ou la partie civile, seront entendus, s'il y a lieu ; la partie civile prendra ses conclusions ; la personne citée proposera sa défense et fera entendre ses témoins, si elle en a amené ou fait citer, et si, aux termes de l'article suivant, elle est recevable à les produire ; le ministère public résumera l'affaire et donnera ses conclusions ; la partie citée pourra proposer ses observations. Le tribunal de police prononcera le jugement dans l'audience où l'instruction aura été terminée et, au plus tard, dans l'audience suivante. »

Art. 190 : « L'instruction (devant le tribunal de police correctionnelle) sera publique, à peine de nullité. Le procureur impérial, la partie civile ou son défenseur... exposeront l'affaire : les procès-verbaux ou rapports, s'il en a été dressé, seront lus par le greffier ; les témoins pour et contre seront entendus, s'il y a lieu, et les reproches proposés et jugés ; les pièces pouvant servir à conviction ou à décharge seront représentées aux témoins et aux parties ; le prévenu sera interrogé. Le prévenu et les personnes civilement responsables proposeront leurs défenses ; le procureur impérial résumera l'affaire et donnera ses conclusions ; le prévenu et les personnes civilement responsables du délit pourront répliquer. Le jugement sera prononcé de suite ou au plus tard à l'audience qui suivra celle où l'instruction aura été terminée. »

(2) En 1825, le tribunal d'Aix raya du rôle correctionnel une affaire sur citation directe de partie civile, par la raison que celle-ci n'avait pas constitué d'avoué. — 24 août 1825, arrêt de la Cour d'Aix qui déclare que la constitution d'avoué devant le tribunal correctionnel est *facultative* et non de rigueur. — Pourvoi du procureur général. — Arrêt de la Cour de cas-

Je pense, néanmoins, que l'avoué, quoique son ministère ne soit que facultatif en police correctionnelle, y conserve cependant son caractère professionnel avec ses prérogatives et ses devoirs. Ainsi il n'aura pas besoin de produire ses pouvoirs pour être admis à représenter son client; mais je crois que, d'un autre côté, en dehors de l'exposé de l'affaire et de la lecture des conclusions, il ne doit pas être admis à plaider, pour la partie civile, dans les tribunaux où se trouve un collége d'avocats. — Il est vrai que les art. 185 et 295 (1), Cod. instr. crim. paraissent donner aux avoués le droit de défendre les prévenus en police correctionnelle, mais c'est une exception que rien n'autorise à étendre à la plaidoirie pour les parties civiles.

Le Tribunal, après les conclusions du plaignant, entend les dépositions des témoins cités par celui-ci et par le prévenu, les

---

sation :— « Considérant que les règles de procédure pour les tribunaux criminels et correctionnels ont été tracées dans le Code d'instruction criminelle ; que c'est donc d'après les dispositions de ce code que doivent être déterminées les fonctions que les avoués ont à exercer ; que les art. 185, 295, 417 et 468 dudit code, les seuls où il soit fait mention d'avoués, ne contiennent aucunes dispositions qui prescrivent aux parties la nécessité d'employer leur ministère ; — Que les art. 185 et 468 l'excluent même formellement dans les cas y prévus ; — Qu'il s'en suit donc que, hors ce cas, leur ministère est purement facultatif, et qu'ainsi les parties ont toute liberté de s'en servir ou de ne pas s'en servir ;— Que cette faculté résulte encore de l'art. 183 du même code, qui oblige la partie civile de faire, dans son acte de citation, élection de domicile dans la ville où siége le tribunal ; obligation qui serait superflue si la citation devait, comme l'exige le Code de procédure en matière civile, contenir constitution d'avoué, puisqu'elle emporterait de droit élection de domicile chez l'avoué désigné ; que le même droit facultatif résulte également de la forme d'instruction prescrite par l'art. 190 du même code, ainsi que de l'art. 3, § 1er, du décret du 18 juin 1811, relatif aux frais de procédure en matière correctionnelle et de police... » (Cass. 17 fév. 1826 ; Bull., n° 31).

(1) Art. 185 : « Dans les affaires relatives à des délits qui n'entraîneront pas la peine d'emprisonnement, le prévenu pourra se faire représenter par un avoué ; le tribunal pourra néanmoins ordonner sa comparution en personne. »

Art. 295 : « Le conseil de l'accusé (en Cour d'assises) ne pourra être choisi par lui ou désigné par le juge que parmi les avocats ou avoués de la Cour impériale ou de son ressort, à moins que l'accusé n'obtienne du président de la Cour d'assises la permission de prendre pour conseil un de ses parents ou amis. »

explications de ce dernier et des personnes citées comme civilement responsables, la plaidoirie de l'avocat de la partie civile, les réquisitions du ministère public, la défense présentée par l'avocat du prévenu, puis rend son jugement.

§ 2. — Jugement.

Après les débats de l'affaire, le Tribunal doit, à moins de se déclarer incompétent, statuer sur l'action civile et sur l'action publique. La citation de la partie civile le saisit de l'une et de l'autre action. Le désistement de la partie civile peut, il est vrai, le dessaisir de la première de ces actions, mais ni ce désistement, ni le silence du ministère public, ni même sa déclaration qu'il ne requiert l'application d'aucune peine ne le dessaisissent de l'action publique sur laquelle il doit nécessairement statuer, en appliquant une peine, s'il y a lieu (Cass., 23 janv. 1823, 31 juill. 1830) (1).

Le tribunal doit-il immédiatement ou condamner le prévenu, ou le renvoyer des fins de la plainte, ou se déclarer incompétent ? Peut-il, s'il ne se trouve pas suffisamment éclairé, ordonner qu'il sera procédé à une information par les soins du juge d'instruction ? Un arrêt de la Cour de cassation, en date du 18 juin 1824, décide qu'une information peut être ordonnée. Un autre arrêt, rendu, dans l'intérêt de la loi, le 18 novembre de la même année,

---

(1) Arrêt du 23 janv. 1823 : — « ..., Vu les art. 182 et 191 Cod. instr. crim.; — Attendu que, par le premier de ces articles, le tribunal correctionnel est saisi par la citation directe de la partie civile ; que, par cette citation, il est saisi, soit de l'action publique, soit de l'action civile ; que dès lors le tribunal correctionnel de Dreux, saisi par la citation donnée, à la requête des époux Marie, à la femme Lambert, pour injures et voies de fait par elle commises sur la femme Marie, devait examiner si les faits résultant de la citation ou de l'instruction avaient le caractère de délits ; que, si ces faits ne présentaient pas ce caractère, il devait annuler la citation et l'instruction, adjuger à la défenderesse les dommages-intérêts qui pouvaient lui être dus, et renvoyer les parties à fins civiles, suivant le prescrit de l'art. 191 ; — Mais que si le tribunal, appréciant les faits résultant de la citation et de l'instruction, leur trouvait le caractère de délits il devait, indépendamment des réparations civiles, prononcer les peines déterminées par la loi, quelques conclusions qu'eût prises le ministère public, parce que ces conclusions ne pouvaient effacer le caractère du fait reconnu par le tribunal ; — que le tribunal de Chartres, saisi de l'appel,

décide le contraire (1). — Le réquisitoire de M. le procureur
général Mourre, qui a précédé ce dernier arrêt, les considérants
longuement développés de ce même arrêt qui témoignent que la
Cour ne s'est décidée qu'après une délibération approfondie, sont,

---

interjeté par la femme Lambert, du jugement du tribunal de Dreux, ne
pouvait donc, sans s'expliquer sur le caractère des faits, annuler le jugement du tribunal de Dreux, sous le seul prétexte que le ministère public
n'avait requis aucune peine, et que la femme Lambert n'avait pas été autorisée par son mari ou par la justice, puisque, si les faits dont elle était
prévenue avaient le caractère de délits ou de contraventions, la peine devait
être prononcée d'après les dispositions de la loi..... » (Bull., n° 13).

(1) Arrêt du 18 juin 1824 : « ..... Sur le premier moyen de nullité pro-
posé par le procureur général près la Cour royale de Paris, dans le mémoire produit à l'appui de son pourvoi : — Attendu qu'en jugeant, par
l'arrêt attaqué, que le tribunal de police correctionnelle saisi par la citation
donnée directement au prévenu par la partie civile, aux termes de l'art.
182, Cod. instr. crim., ne pouvait renvoyer devant le juge d'instruction,
pour être procédé conformément à la loi, avant que d'avoir entendu les
témoins assignés par la partie civile, lorsque, d'après le libellé de la plainte,
il apparaissait aux juges qu'une instruction préalable était nécessaire pour
éclairer leur religion, et quoique de son côté le ministère public eût rendu
plainte sur les faits contenus dans la citation, et eût requis une instruction
contre le demandeur à raison desdits faits, la Cour royale de Paris a
donné à l'art. 182, Cod. instr. crim., une extension qu'il ne comporte pas
pour son exécution dans l'intérêt de la justice, et a fait dès lors une fausse
application desdits articles ... » (Bull. n° 81.)

Arrêt du 18 nov. 1824 : — Cet arrêt a été précédé d'un réquisitoire de M. Mourre, procureur général, qui se termine ainsi : « La Cour
royale établit une étrange théorie, en donnant à entendre que, puisque les
tribunaux correctionnels ont le droit de se déclarer incompétents, ils ont
celui de suspendre leur décision sur la compétence et d'ordonner préala-
blement ce qu'ils trouveront bon. Cette idée contrarie un principe fonda-
mental de l'ordre judiciaire. C'est de la compétence avant tout qu'il faut
s'occuper. *Prius de judice quàm de re.* La citation du ministère public
laisse-t-elle des doutes sur le caractère du fait ? N'y trouve-t-on pas assez
fortement l'empreinte d'un délit ? Eh bien ! que l'on ouvre les débats, on
aura bientôt toutes les données nécessaires, et ce jugement, soit sur le fond,
soit sur l'incompétence, pourra être prononcé à la même audience. Le renvoi devant le juge d'instruction est sans objet. Il a l'inconvénient de ralentir le cours de la justice, et par-dessus tout, il présente une atteinte à
l'esprit et à la lettre de l'art. 182, Cod. instr. crim. »

Arrêt :— « ..... Attendu que, par la citation donnée, à la requête du procureur du roi près le tribunal de police correctionnelle séant à Cayenne, à la

sans doute, de nature à faire pencher pour l'opinion qu'il consacre; cependant, malgré l'autorité d'une semblable décision (1), et après y avoir mûrement réfléchi, je crois que le système de l'arrêt du 18 juin est préférable. — Nulle part, en effet, la loi ne défend

---

requête du sieur Aufray, prévenu d'avoir injurié et outragé le sieur Brun à l'occasion de fonctions qu'il avait exercées dans le conseil du gouvernement de la Guyane française, le tribunal de Cayenne avait été légalement saisi, conformément à l'art. 182, Cod. instr. crim., de la connaissance des faits de la citation, ainsi que des exceptions et incidents qui pourraient être proposés ou s'élever au cours de l'instance ; — Que sur l'exception d'incompétence proposée par le sieur Aufray, et sur sa demande en renvoi devant les juges de police simple, il était du devoir du tribunal de Cayenne d'examiner et de juger, soit d'après la nature des faits de la citation, soit, dans le cas de doute, d'après l'audition des témoins qui étaient déjà assignés devant lui et les débats, s'il était ou non compétent : dans le cas de l'affirmative, de statuer sur le fond, et dans celui contraire, de renvoyer l'affaire et les parties devant les juges qui devaient en connaître ; — Qu'au lieu de suivre cette marche qui était tracée par les art. 130, 160, 182, 190, 191 et 192, Cod. instr. crim., le tribunal de Cayenne s'est cru obligé à renvoyer l'affaire devant le juge d'instruction pour, sur son rapport, et d'après les actes d'instruction préalables, être par ce tribunal statué ainsi qu'il appartiendrait, soit sur la compétence, soit sur la nature du délit ; — Que, sur l'appel interjeté par le procureur général, de cette décision abusive, la Cour royale de la Guyane française, sans en adopter les motifs erronés, a conclu de ce que les tribunaux correctionnels ont le droit de se déclarer incompétents, qu'ils ont le droit de suspendre, soit leur décision sur la compétence, soit l'examen du fond, et d'ordonner le renvoi devant le juge d'instruction, et qu'elle a prononcé en conséquence ; — Que cette décision n'est pas moins contraire aux dispositions de l'art. 183, Cod. instr. crim., que le jugement dont était appel, puisque, selon cette loi, le tribunal de police correctionnelle, saisi directement par une citation soit du ministère public, *soit de la partie civile*, ne peut se refuser à prononcer sur le fond de l'affaire qu'en déclarant son incompétence ; — Que l'arrêt qui consacre ce système viole expressément les dispositions de l'article précité ..... » (Bull., n° 165).

(1) L'autorité de l'arrêt du 18 nov. 1824 sera, du reste, un peu diminuée, si on remarque qu'il a été rendu dans une espèce où la citation était donnée à la requête du ministère public. Bien que cet arrêt, dans son dernier paragraphe, assimile la citation à la requête de partie civile à la citation directe donnée par le ministère public, les raisons que l'on pourrait alléguer pour permettre aux tribunaux d'ordonner une instruction sont beaucoup plus fortes dans le premier cas que dans le second ; ces raisons ont dû tout spécialement frapper les rédacteurs de l'arrêt du 18 juin, et se

au tribunal d'ordonner une instruction. Le renvoi devant le juge d'instruction ne porte pas atteinte, comme le dit M. le procureur général Mourre, à la lettre de l'art. 182; il ne porte pas atteinte, non plus, à l'esprit de cet article. S'il a l'inconvénient de ralentir le cours de la justice, il peut avoir l'avantage de l'éclairer ; et il ne sera pas sans objet lorsqu'il aura pour but d'empêcher le tribunal de juger aveuglément ou de prononcer un acquittement fâcheux. — Ne peut-il pas arriver, en effet, qu'une partie civile porte directement en police correctionnelle une affaire qui ne peut être éclaircie que par une expertise ou toute autre mesure d'instruction? La prescription d'indiquer à l'avance au parquet les affaires que l'on veut porter en police correctionnelle, par voie de citation directe, est une règle de convenance et de discipline, et non une règle de droit. Il pourrait donc arriver qu'une partie civile portât directement devant le tribunal une affaire que le ministère public, si elle fût venue à sa connaissance, n'eût pas hésité à poursuivre d'office et en provoquant une instruction. Serait-il donc possible qu'en pareil cas la faute d'un particulier compromît, non-seulement son intérêt privé, mais encore l'intérêt social de la poursuite; que le tribunal, ne trouvant pas, dans le débat oral de l'audience, une preuve suffisante du délit, fût obligé d'acquitter et d'assurer ainsi à un fait, peut-être très-grave, le privilége de l'impunité? — Ne pourrait-il même pas arriver qu'un concert frauduleux s'organisât entre un délinquant et une partie civile pour procurer au premier le bénéfice d'un jugement qui, étant commun avec le ministère public, lui enlève tout moyen de poursuite postérieure? — L'appel, il est vrai, serait une dernière ressource, mais qui ne procurerait pas les moyens de preuve que peut fournir une information.

En dehors du cas où le tribunal ordonne une information, et de celui où il se déclare incompétent, deux hypothèses seulement restent à considérer, celle où le prévenu est reconnu coupable de la contravention ou du délit qui lui est imputé, et celle où il n'est pas reconnu coupable.

1° *Le prévenu est reconnu coupable et, par conséquent, condamné à une peine.* En ce cas, la partie civile n'obtient pas

---

présenter moins naturellement à l'esprit de ceux de l'arrêt du 18 novembre. — On comprendrait d'ailleurs que la Cour de cassation, sans impliquer de contradiction, conservât les systèmes différents de ces deux arrêts, pour les hypothèses différentes qui y ont donné lieu.

nécessairement des dommages-intérêts. Les juges ne devront en allouer qu'autant que le fait délictueux aura causé au plaignant un préjudice appréciable et réparable (V. arrêt de cass. du 15 nov. 1861) (1).

Ces dommages-intérêts devront être la représentation aussi exacte que possible du préjudice causé. — Comme ils n'ont d'autre but que de réparer ce préjudice, le tribunal ne pourrait ni ordonner qu'ils seront appliqués à une œuvre quelconque, ni même donner acte au plaignant que son intention n'est pas d'en profiter personnellement (2).

Le tribunal doit statuer, par un seul et même jugement, sur l'application de la peine et sur la demande de dommages-intérêts (art. 161, 189, Cod. instr. crim.) (3); — mais il peut se borner à déclarer que des dommages-intérêts sont dus, et ordonner des mesures d'instruction qui le mettront à même d'en fixer ultérieurement le montant.

2° *Le prévenu n'est pas reconnu coupable, et, par conséquent, est renvoyé.* Il peut se faire que, dans ce cas, quoique le fait ne

---

(1) Arrêt : — « LA COUR ; — Sur le premier moyen, résultant de la violation des art. 1, 3, 145, Cod. instr. crim., et 1382, Cod. Nap., en ce que le jugement attaqué a refusé à la partie plaignante des dommages-intérêts, tout en reconnaissant constante la contravention par elle dénoncée, et en la réprimant par l'application de la loi pénale ; — Attendu que l'application de la peine, qu'il n'appartient qu'au ministère public de requérir, est indépendante de la réparation des dommages que peut réclamer la partie qui se prétend lésée ; — Que, par une appréciation de fait souveraine et définitive, le jugement attaqué ayant déclaré que Savignac n'a souffert aucun dommage du passage de la veuve Lacombe sur son terrain, c'est avec raison qu'en appliquant la peine afférente à la contravention, il a refusé d'accorder des dommages-intérêts qu'aucun préjudice matériel ne justifiait .... » (Bull., n° 238).

(2) Art. 51 du Code pénal : « Quand il n'y aura lieu à restitution, le coupable pourra être condamné, en outre, envers la partie lésée, si elle le requiert, à des indemnités dont la détermination est laissée à la justice de la Cour ou du tribunal, lorsque la loi ne les aura pas réglées, sans que la Cour ou le tribunal puisse, du consentement même de ladite partie, en prononcer l'application à une œuvre quelconque. »

(3) Art. 161 : « Si le prévenu est convaincu de contravention de police, le tribunal prononcera la peine et statuera, par le même jugement, sur les demandes en restitution et en dommages-intérêts. »

Art. 189 : « ..... Les dispositions des art. 157, 158, 159, 160 et 161 sont communes aux tribunaux en matière correctionnelle. »

3.

présente pas les conditions nécessaires pour l'existence du délit ou de la contravention, il y ait des éléments de faute suffisants pour constituer un quasi-délit, et motiver une condamnation à des dommages-intérêts. — La question s'est posée de savoir si, en ce cas, cette condamnation civile peut être prononcée par les tribunaux de répression. Elle a été généralement tranchée dans le sens de la négative (1). — Il est de principe, en effet, que les tribunaux de répression ne peuvent allouer d'autres dommages-intérêts que ceux qui sont dus pour réparation de faits punissables. Les art. 358 et 366, Cod. instr. crim., donnent, il est vrai, aux Cours d'assises le droit de prononcer des dommages-intérêts au cas d'acquittement ou d'absolution. Mais c'est là une exception qui ne doit pas être étendue au delà de ses termes. On comprend du reste facilement que le législateur ait accordé ce droit aux Cours d'assises qui ne sont saisies des affaires que par la chambre des mises en accusation, et où, par conséquent, on ne doit craindre aucun abus; tandis que si la même faculté était donnée aux tribunaux qui peuvent être saisis directement par les parties civiles, on verrait la plupart des plaideurs, sous prétexte de délits imaginaires, porter leurs demandes devant la juridiction plus rapide et moins coûteuse des tribunaux de répression, et infliger gratuitement à leurs adversaires la honte d'une comparution en police correctionnelle (V. arrêt de cass., 17 mai 1834) (2).

L'art. 191, Cod. instr. crim., parle, il est vrai, de dommages-intérêts alloués par les tribunaux correctionnels en cas de renvoi du prévenu, mais cet article ne se réfère qu'aux dommages-intérêts qui peuvent être reconventionnellement demandés par le prévenu, pour le tort que lui a causé la poursuite mal fondée de la partie civile.

---

(1) Il n'y a d'exception à cette règle que celle de l'art. 595 du Code de commerce.

(2) « ..... Sur le troisième moyen : — Attendu que la juridiction correctionnelle ne pouvait, dans l'espèce, accorder des dommages-intérêts qu'après avoir reconnu qu'il existait un délit de sa compétence, et que, néanmoins la Cour royale de Rouen, chambre de police correctionnelle, tout en déclarant que le poursuite correctionnelle était non recevable, a accordé de simples réparations civiles ; en quoi elle a excédé les bornes de sa compétence et violé l'art. 212, Cod. instr. crim. ; — Casse, etc. ... » (Sirey, 1834, 1re partie, p. 576).

Il est naturel, en effet, que le tribunal de répression statue sur cette demande de dommages-intérêts, quoiqu'elle ne soit pas fondée sur un délit ou une contravention ; car c'est le tribunal devant lequel la plainte a été portée qui est le plus à même d'apprécier la gravité du préjudice causé et le degré de mauvaise foi imputable au plaignant.

Lorsqu'un mineur de seize ans, cité en police correctionnelle par une partie civile, est acquitté comme n'ayant pas agi avec discernement, je pense que le tribunal de répression peut le condamner à des dommages-intérêts, lui ou les personnes civilement responsables ; car le délit existant, c'est avec raison que le plaignant a saisi le tribunal correctionnel, qui seul est compétent pour prononcer sur la question de discernement.

§ 3. — Frais.

Tout jugement doit porter liquidation des frais auxquels a donné lieu l'instance qu'il termine, et condamnation d'une des parties au paiement de ces frais.

En matière de citation directe à la requête d'une partie civile, celle-ci est toujours condamnée au paiement des frais envers le Trésor. Si le prévenu n'est pas reconnu coupable, elle est condamnée purement et simplement, en vertu de l'art. 194 (1) du Code d'inst. crim. Si, au contraire, elle obtient gain de cause, elle est condamnée en vertu de l'art. 157 (2) du décret du 18 juin 1811, mais elle a son recours contre l'auteur du délit ou les personnes civilement responsables.

Il arrive parfois que les tribunaux, reconnaissant le délit comme constant et pensant cependant que la partie civile n'a éprouvé aucun préjudice, condamnent le prévenu aux frais pour tous dommages-intérêts. Je comprends qu'en ce cas, le prévenu

---

(1) Art. 194 : « Tout jugement de condamnation rendu contre le prévenu ou contre les personnes civilement responsables du délit, ou contre la partie civile, les condamnera aux frais même envers la partie publique. Les frais seront liquidés par le même jugement. »

(2) Art. 157 du décret du 18 juin 1811 : « Ceux qui se seront constitués parties civiles, soit qu'ils succombent ou non, seront personnellement tenus des frais d'instruction, expédition et signification des jugements, sauf leur recours contre les prévenus ou accusés qui seront condamnés, et contre les personnes civilement responsables du délit. »

étant coupable, doive être condamné aux frais et que la partie
civile n'ayant éprouvé aucun préjudice on ne puisse lui allouer
aucune réparation, mais il me semble que c'est employer une
expression inexacte que qualifier de *dommages-intérêts* la condamnation aux frais. Cette qualification a cela de fâcheux que,
la citation de la partie civile n'étant recevable qu'autant qu'elle
allègue un préjudice et demande des dommages-intérêts, ad-
mettre comme demande de dommages-intérêts la demande tendant à faire condamner le prévenu aux frais, c'est en réalité
permettre de déférer au tribunal de répression une contravention ou un délit à quelqu'un qui ne prétend même pas en avoir
aucunement souffert; c'est, en un mot, faciliter les citations à
la requête de parties civiles, tandis qu'il me semble qu'on devrait chercher à les restreindre.

Parfois aussi, les tribunaux reconnaissant qu'il n'y a ni délit
ni contravention, mais pensant que des torts ont existé des deux
côtés, ordonnent que les frais seront partagés entre les deux parties. Ce mode de procéder ne me paraît pas moins contraire que
le précédent aux prescriptions de l'art. 194 du Code d'instruction criminelle ; le prévenu n'ayant pas été condamné, la partie civile a eu tort de le citer en police correctionnelle et doit
seule supporter les frais de cette instance.

Le Code de commerce apporte, dans ses art. 588 et 590 (1),
une exception à la règle que les frais de poursuite sont, en tous
cas, supportés par la partie civile, sauf son recours contre le prévenu, s'il est condamné. Lorsqu'une poursuite en banqueroute
simple est intentée, soit par un créancier, soit par le syndic de
la faillite, les frais sont, en cas de condamnation, à la charge du
Trésor, sauf son recours contre le failli. En cas d'acquittement,
si la poursuite a été intentée par un créancier, les frais sont à sa
charge; mais si elle a été intentée par le syndic, ils doivent être
supportés par la masse. Cette dernière décision est le résultat
d'une inattention du législateur; car les frais pris sur la masse

---

(1). Art. 588 : « Les frais de poursuite intentée par les syndics, au
nom des créanciers, seront supportés, s'il y a acquittement, par la masse,
et, s'il y a condamnation par le trésor public, sauf son recours contre le
failli, conformément à l'article précédent. »

Art. 590 : « Les frais de poursuite intentée par un créancier seront
supportés, s'il y a condamnation, par le Trésor public; s'il y a acquittement, par le créancier poursuivant. »

diminuent d'autant le dividende qui sera réparti à chacun des créanciers, et par conséquent la part de la dette totale dont sera déchargé le failli ; c'est donc, en définitive, le failli qui paie les frais d'une poursuite exercée à tort contre lui.

Quels sont les frais qui doivent être compris dans la liquidation faite par le jugement et mis à la charge des personnes ci-dessus désignées ?

On doit y comprendre tous les déboursés indispensables tels que salaires d'huissiers, indemnités de témoins, timbre et enregistrement des exploits, etc.

La principale difficulté qui s'est élevée en cette matière est celle de savoir si les honoraires des avoués, pour le cas où les parties ont cru devoir employer l'intermédiaire de ces officiers ministériels, doivent être compris dans les frais. La question a été fort débattue, surtout dans ces derniers temps. Une circulaire du procureur général de Paris, en date du 2 déc. 1850 (1), qui paraît reproduire des instructions de la chancellerie, recommandait aux chefs du parquet de veiller à ce que ces honoraires ne fussent pas mis à la charge de la partie condamnée. Une circulaire semblable ayant été adressée par le procureur général d'Aix

---

(1).   Paris, ce 2 décembre 1850.

« Monsieur le Procureur de la République,

«.....Certains tribunaux sont dans l'usage de mettre à la charge de la partie condamnée en police correctionnelle les frais et honoraires de l'avoué et de l'avocat dont son adversaire a cru devoir employer le ministère. Je vous ferai remarquer à cet égard que l'emploi d'un défenseur devant les tribunaux correctionnels est purement facultatif et que les frais qu'entraîne son intervention doivent toujours rester à la charge de la partie qui l'a employé. On objecterait en vain les termes d'une circulaire ministérielle du 10 avril 1813, par laquelle on a rappelé que les honoraires des avoués, même en matière correctionnelle, doivent être taxés conformément au tarif du 16 février 1807 et suivant les règles et les distinctions établies par le Code de procédure civile en matière sommaire ; cette instruction ne s'applique qu'au cas où la taxe serait demandée par suite de dissentiment sur le taux des honoraires entre l'avoué et la partie qui aurait recours à son ministère, mais elle ne peut pas impliquer l'obligation du paiement de ces frais par la partie contre laquelle l'avoué a occupé. — Ces principes ont été consacrés par plusieurs arrêts de la Cour de cassation des 12 avril 1821, 17 février 1826 et 31 janvier 1832, et je vous prie de veiller à leur exacte application..... (signé) de Royer. » — Voir plus haut le texte de l'arrêt de 1826, page 29.

aux procureurs impériaux de son ressort, le tribunal d'Aix prit, le 7 janv. 1851, une délibération pour déclarer qu'il ne pouvait adopter l'avis exprimé par le procureur général. Cette délibération fut, sur l'ordre du garde des sceaux, déférée à la Cour de cassation, comme ayant été prise en dehors des attributions conférées aux tribunaux et comme entachée, par conséquent, d'excès de pouvoir. La Cour de cassation, par arrêt du 29 juill. 1851, annula la délibération, sans toutefois se prononcer formellement sur le fond même de la question en litige. Mais, dans le réquisitoire qui précède cet arrêt, M. le procureur général Dupin établissait la vérité juridique du principe contenu dans la circulaire du procureur général d'Aix (1). — Cependant, malgré ces précédents, un arrêt de la Cour de cassation a, le 12 mars 1852 (2),

---

(1) Extrait du réquisitoire de M. Dupin, qui a précédé l'arrêt du 29 juillet 1851 (bull. n° 314) :

« Il résulte positivement des articles 182, 183, 184, 190 et 204 du Code d'instruction criminelle que la partie civile n'est point tenue de se faire assister en matière correctionnelle. D'où l'on doit conclure que, le ministère d'un avoué n'étant pas obligatoire, la partie civile qui, dans son intérêt, a employé un avoué ne peut comprendre les frais occasionnés par cette intervention dans la taxe des dépens à recouvrer sur la partie condamnée, attendu que ce serait grossir abusivement le chiffre des condamnations pécuniaires que cette partie aurait à supporter. — Un texte formel paraît, au reste, résoudre positivement la question. Ce texte est celui de l'art. 3, n° 1, du décret du 18 juin 1811 ; il est ainsi conçu : « Ne sont pas compris sous la dénomination de frais de justice criminelle : 1° les honoraires des conseils ou défenseurs des accusés, même de ceux qui sont nommés d'office, non plus que les droits et honoraires des avoués, dans le cas où leur ministère serait employé. »

(2) Arrêt du 12 mars 1852 (bull. n° 88) : «.....Attendu que, devant la juridiction correctionnelle, les parties ne sont point obligées de recourir au ministère des avoués, mais que l'assistance de ces officiers ministériels peut, dans certains cas, être exigée par l'intérêt de la défense ; — qu'elle est spécialement autorisée par les art. 185, 204, 295 et 417 du Code d'instr. crim. ; — qu'il est de principe que la partie qui succombe doit supporter les frais par elle occasionnés, et qu'aucun texte de loi n'excepte les droits et honoraires des avoués lorsque leur ministère a été employé; — que, si une exception est admise à cette règle de droit et d'équité en faveur de l'Etat et des administrations qui agissent en son nom, cette exception, fondée sur de graves motifs d'ordre public, et sur ce que l'action publique s'exerce dans l'intérêt du maintien de la paix publique, n'a pas été étendue

consacré la thèse opposée, et décidé qu'en matière correctionnelle, comme en matière civile, les honoraires des avoués doivent être compris dans les frais de l'instance à la charge de la partie condamnée. J'avoue que je ne puis me ranger à cette opinion, car si on met à la charge de la partie condamnée des frais purement facultatifs, je ne vois sur quel texte ou sur quelles considérations on peut se fonder pour distinguer entre les honoraires des avoués et ceux des avocats plaidants ou consultants, les dépenses résultant des voyages faits pour rassembler les pièces du procès, etc... Entrer dans cette voie, c'est, sous peine de faire une distinction qui n'est nulle part dans la loi, permettre à une partie de grossir indéfiniment les frais, c'est ouvrir la porte à une foule d'abus. Il vaut mieux, à mon avis, s'en tenir à un principe rigoureux qui sera appliqué de même par tous les tribunaux et ne laissera aucune prise à l'arbitraire.

---

aux débats d'intérêt privé sur lesquels les tribunaux de répression ont à statuer ; — attendu que le décret du 18 juin 1811, après avoir posé le principe que l'administration de l'enregistrement doit faire l'avance des frais de justice criminelle, distingue dans les art. 2 et 3 ceux qui sont compris sous cette dénomination et ceux qu'elle en exclut ; — que l'art. 3, § 1er, range dans cette dernière classe les honoraires des conseils ou défenseurs des accusés, même de ceux nommés d'office, ainsi que les droits et honoraires des avoués lorsqu'ils ont été appelés à prêter leur ministère ; d'où il faut induire que ces frais ne doivent pas être avancés par la régie de l'enregistrement, et que, dans aucun cas, ils ne peuvent être mis à la charge de l'Etat, mais que cette disposition est étrangère au règlement des frais entre la partie civile et le prévenu ; — attendu que les art. 157 et 158 dudit décret sont conçus dans le même esprit, et se bornent à énumérer les frais dont les parties civiles doivent le remboursement à l'Etat ; — attendu que, si la jurisprudence admet que les administrations publiques ne doivent pas supporter les droits et honoraires des avoués dont le ministère a été employé, c'est par suite du principe qui veut que ces frais ne retombent point à la charge de l'État, mais qu'il en est autrement entre la partie civile et le prévenu, qui doivent supporter les conséquences d'un débat purement civil que la loi autorise à porter exceptionnellement devant la juridiction correctionnelle ; — qu'ainsi, en décidant que la partie qui a cru devoir recourir au ministère d'un avoué est en droit de répéter de son adversaire qui succombe les droits et honoraires attribués par les règlements à cet officier ministériel, et en condamnant le demandeur à supporter les droits tels qu'ils sont réglés en matière sommaire, l'arrêt attaqué n'a point violé l'art. 3, § 1er du décret du 18 juin 1811 et a fait une juste application du décret du 16 févr. 1807.... Rejette. »

Les avoués devront donc, en matière criminelle, être payés par leurs clients, sans recours possible de la part de ceux-ci. En cas de contestation entre l'avoué et son client sur le montant des honoraires, une circulaire ministérielle du 10 avril 1813 indique qu'en l'absence de dispositions spéciales, la taxe doit être faite conformément au tarif du 16 fév. 1807 et suivant les règles et les distinctions établies par le Code de procédure civile en matière sommaire.

CHAPITRE IV. — *Opposition, appel et recours en cassation.*

§ 1er. — Opposition.

Si la personne citée en simple police ou en police correctionnelle ne comparaît pas ou ne se fait pas représenter, dans les cas où cela est possible, elle doit, aux termes des art. 149 et 186 du Cod. d'inst. crim., être jugée par défaut. Ce jugement peut être attaqué par voie de l'opposition, dans le délai de trois jours pour les affaires de simple police, et, pour les affaires correctionnelles, dans le délai de cinq jours, à partir de la signification du jugement. L'opposition emporte de plein droit citation à la première audience; si l'opposant n'y comparaît pas, il est débouté de son opposition et ne peut plus la former de nouveau. L'appel rend, de même, l'opposition non recevable.

L'opposition doit être signifiée, non-seulement à la partie civile, mais encore au ministère public (art. 187, Cod. d'inst. crim.) (1).

Le jugement peut avoir été rendu par défaut aussi bien contre la partie civile que contre le prévenu, dans le cas où elle n'a pas comparu à l'audience ni personne pour elle; le droit de former opposition lui appartient alors si elle a été déboutée de sa demande.

---

(1) Code d'instr. crim., art. 186 : « Si le prévenu ne comparaît pas, il sera jugé par défaut. »

Art. 187 : « La condamnation par défaut sera comme non avenue, si dans les cinq jours de la signification qui en aura été faite au prévenu ou à son domicile, outre un jour par cinq myriamètres, celui-ci forme opposition à l'exécution du jugement, et notifie son opposition, tant au ministère public qu'*à la partie civile.* Néanmoins les frais de l'expédition, de la signification du jugement par défaut et de l'opposition demeureront à la charge du prévenu. »

§ 2. — Appel.

Lorsque le jugement n'est plus susceptible d'opposition, il peut encore être attaqué par la voie de l'appel.

En matière de simple police, aux termes de l'art. 172 (1), Cod. d'inst. crim., interprété par la jurisprudence, le droit d'appeler n'appartient qu'au prévenu condamné à la prison ou bien à une amende ou à des restitutions excédant la somme de cinq francs. Ce droit n'appartient ni au ministère public ni à la partie civile qui ne peuvent que se pourvoir en cassation.

En matière correctionnelle, au contraire, la partie civile peut interjeter appel du jugement (2). Cette faculté lui appartient lors même que la somme réclamée à titre de dommages-intérêts serait inférieure au taux fixé pour régler la compétence en dernier ressort des tribunaux d'arrondissement en matière civile, c'est-à-dire aujourd'hui à quinze cents francs (Cour royale de Bordeaux, 29 juillet 1830) (3).

---

(1) Art. 172, Code d'instr. crim. : « Les jugements rendus en matière de police pourront être attaqués par la voie de l'appel, lorsqu'ils prononceront un emprisonnement ou lorsque les amendes, restitutions et autres réparations civiles excéderont la somme de cinq francs, outre les dépens. »

(2) Art. 202, Code d'instr. crim. : « La faculté d'appeler (en matière de police correctionnelle) appartiendra : 1° aux parties prévenues ou responsables; 2° à la partie civile, quant à ses intérêts civils seulement; 3° à l'administration forestière ; 4° au procureur impérial près le tribunal de première instance ; 5° au procureur général près la Cour impériale. »

(3) Le sieur Lavaud avait fait citer devant le tribunal correctionnel de Bordeaux, la femme Beaudron pour se ouïr condamner en 300 fr. de dommages-intérêts, à raison de voies de fait dont elle s'était rendue coupable envers lui. — Par jugement du 25 juin 1830, le tribunal condamna la prévenue à 25 fr. de dommages-intérêts et à une amende de 50 fr. — Appel de ce jugement fut interjeté par le sieur Lavaud, sur le motif qu'il ne lui accordait pas de dommages-intérêts suffisants. L'intimée prétendit que les dommages-intérêts réclamés n'ayant été portés par le plaignant lui-même qu'à 300 fr., le jugement devait, sur ce point, être réputé en dernier ressort et non susceptible d'appel.

Arrêt : « LA COUR ; — Attendu que là fin de non-recevoir proposée dans l'intérêt de la femme Beaudron ne saurait être accueillie sans violer les dispositions de l'art. 202 du Code d'instr. crim., qui permettent à la partie civile de faire appel, quant à ses intérêts civils, et qui ne déterminent point, par la quotité de la somme demandée, les limites du dernier

Le délai d'appel est de dix jours à partir du jugement contradictoire ou à partir de la signification du jugement par défaut. La signification faite par le ministère public fait courir le délai même à l'égard de la partie civile, et réciproquement la signification faite par la partie civile fait courir le délai à l'égard du ministère public (Cass., 5 juillet 1849) (1).

Pendant le délai de dix jours et pendant l'instance d'appel, l'exécution du jugement est suspendue (art. 203, Cod. d'inst. crim.) (2).

L'art. 202 du Cod. d'instr. crim., qui donne à la partie civile le droit d'interjeter appel, déclare que cet appel ne peut porter que sur les intérêts civils. Par conséquent, si ni le prévenu ni

---

ressort; — attendu que l'art. 5 du titre 4 de la loi du 24 août 1790 ne peut s'appliquer aux actions correctionnelles, qui sont exclusivement réglées par le Code d'instr. crim., et que, par conséquent, la femme Beaudron, en invoquant cet article, veut confondre deux juridictions qui ne reconnaissent pas les mêmes règles, et qu'il faut soigneusement distinguer; — qu'il résulte de ces réflexions que l'appel de Lavaud est recevable....» (Sirey, année 1831, 2e partie, page 75).

(1) Arrêt : « Vu l'art. 203 du Code d'instr. crim.; — attendu qu'aux termes de cet article l'appel des jugements par défaut, en matière correctionnelle, est non recevable dix jours au plus tard après celui de la signification qui en aura été faite au condamné ou à son domicile; — attendu que cette disposition, qui est de droit étroit, n'impose pas cumulativement à la partie publique et à la partie civile l'obligation de la mise en demeure qu'elle détermine; — qu'elle fait dépendre uniquement et sans distinction entre les deux actions, la déchéance attachée au non-exercice de la faculté d'appel dans le délai y énoncé de l'expiration de ce délai, après que le condamné a eu légalement et par un seul acte, connaissance du jugement rendu à son préjudice; qu'il suffit dès lors, pour que la signification dudit jugement présente ce caractère, et produise cet effet à l'égard des deux parties en cause, qu'elle ait eu lieu à la requête de l'une d'elles, d'après le mode qui, dans la prévision de la loi, remplace et supplée, en ce qui concerne les décisions rendues par défaut, la prononciation de celles qui interviennent à la suite d'un débat contradictoire;.... » (5 juill. 1849, — bull. n° 147).

(2) L'appel est formé par une déclaration faite au greffe du tribunal qui a rendu le jugement (art. 203, Code d'instr. crimin.); — il est porté à la Cour impériale (art. 201). Une circulaire du Procureur général de Paris, en date du 3 avril 1861, décide que les dossiers relatifs aux appels formés par les parties civiles doivent être transmis par les soins du ministère public.

le ministère public n'ont interjeté appel, la Cour impériale ne peut modifier le jugement, en ce qui touche l'application de la peine. Si donc le prévenu ayant été renvoyé des fins de la plainte, en première instance, la Cour, sur l'appel de la partie civile seule, déclare que le délit est établi, elle peut allouer des dommages-intérêts, mais aucune peine ne doit être prononcée (Cass., 28 décembre 1827) (1).

Un arrêt de la Cour de cassation, du 19 octobre 1837 (2), in-

---

(1) Arrêt : «....Vu l'art. 1er du Code d'instr. crim. et l'avis du conseil d'État des 25 oct. et 12 nov. 1806 ; — Considérant que, d'après ledit art. 1er, la poursuite pour la réparation des crimes et délits, dans l'intérêt de la vindicte publique, n'appartient qu'aux fonctionnaires que la loi a spécialement établis à cet effet ; — Qu'il suit de là et des principes déduits dans le susdit avis du conseil d'Etat, que les Cours et tribunaux d'appel en matière correctionnelle ne sont point légalement saisis ni compétents pour statuer dans l'intérêt de la vindicte publique, par le seul appel de la partie civile, dont l'action est nécessairement bornée à la réparation du dommage qu'elle a souffert ; — que, dans l'espèce, un jugement du tribunal correctionnel de première instance d'Issoudun, du 2 janvier 1827, a renvoyé les gendarmes Gallez et Charron de la plainte portée contre eux par les frères Bodard, à raison d'une prétendue arrestation illégale ; — que ni le ministère public près ledit tribunal ni celui près le tribunal d'appel de Châteauroux n'ont appelé dudit jugement ; — Que les frères Bodard, parties plaignantes et civiles, en ont seuls interjeté appel ; qu'ainsi le tribunal correctionnel de Châteauroux, n'étant saisi que de l'action civile, devait uniquement juger l'appel sous le rapport de cette action ; — que néanmoins il s'est occupé de l'examen du fait imputé auxdits gendarmes sous le rapport de la vindicte publique, et qu'ayant trouvé ce fait de nature à mériter la peine infamante du carcan, portée par l'art. 114 du Code pénal, il a, sans statuer sur l'action civile, renvoyé les prévenus devant le juge d'instruction ; — qu'en ordonnant ce renvoi, le tribunal d'appel a outre-passé les limites de sa compétence et violé l'autorité de la chose jugée par le tribunal de première instance relativement à l'action publique ; — La Cour, faisant droit au pourvoi du procureur du roi, casse..... etc. » (Cass., 28 décembre 1827, bull. n° 219).

(2) Arrêt : «....Attendu que, d'après l'art. 346 du Code pénal, l'adultère de la femme ne peut être dénoncé que par le mari ; — que d'après l'art. 337 du même Code, le mari est le maître d'arrêter l'effet de la condamnation prononcée contre la femme adultère, en consentant à la reprendre ; — que selon l'art. 308 du Code civil, les tribunaux civils devant lesquels le ministère public ne peut agir par voie d'action, doivent, sur sa simple réquisition, en prononçant la séparation de corps pour cause

troduit une exception à cette règle en matière d'adultère. Cet arrêt décide que lorsque la femme a, sur les poursuites du mari, été renvoyée des fins de la plainte en première instance, le mari peut, par son seul appel, donner lieu à l'application d'une peine par la Cour impériale. Cette décision se fonde sur ce que le mari serait investi à l'égard de sa femme d'une sorte de pouvoir public pour lui faire appliquer les peines de l'adultère; la Cour de cassation a vu la preuve de ce pouvoir dans ce fait que ces peines doivent être appliquées même par la juridiction civile lorsque la preuve de l'adultère résulte d'une action en séparation de corps intentée par le mari (art. 308, Cod. Nap.). Dans ce cas, il est certain que si la séparation n'a pas été prononcée en première instance, le mari peut interjeter appel, et cet appel donne à la Cour impériale (Chambre civile) le droit d'appliquer la peine. Par conséquent, dit l'arrêt de 1837, « son appel qui suffirait seul, devant la juridiction civile, pour mettre le procureur général en état de requérir et la Cour en état de prononcer la peine de l'adultère, doit avoir le même effet devant la juridiction correctionnelle, nonobstant la disposition de l'art. 202 du Cod. d'instr. crim. » Cette doctrine n'a pas été universellement admise; Mangin proteste énergiquement contre elle; et un arrêt de la Cour de cassation du 26 juillet 1828 (1) avait décidé en sens contraire.

---

d'adultère de la femme, prononcer en même temps contre elle la peine correctionnelle de ce délit; — que de la combinaison de ces dispositions, qui dérogent si essentiellement aux règles ordinaires sur l'exercice de l'action publique, on doit conclure que le mari a le droit de poursuivre la punition de l'outrage fait par l'adultère à la sainteté du mariage; — que ce droit lui appartient en vertu de l'autorité maritale même; — qu'il peut en suivre l'effet dans tous les degrés de juridiction et jusqu'au jugement définitif; que son appel, qui suffirait seul devant la juridiction civile, pour mettre le procureur général en état de requérir et la Cour royale en état de prononcer la peine de l'adultère, doit avoir le même effet devant la juridiction correctionnelle, nonobstant la disposition de l'art. 202, n° 2, du Code d'instr. crim., qui est inapplicable dans ce cas; — Attendu, en conséquence, que la Cour royale de Rouen, en condamnant à l'emprisonnement, sur l'appel du mari et sur les réquisitions du ministère public, la demanderesse qui avait été acquittée en première instance, n'a violé aucune loi...., etc. » (Cass., 19 octobre 1837, bull. n° 316).

(1) Arrêt : «....Vu les art. 1er, 3, 135, 413 du Code d'instr. crim., 336, 337 du Code pénal; — attendu que l'arrêt attaqué rejette l'opposition

Je serais porté à adopter cette dernière opinion ; car, dans une instance en séparation de corps, le ministère public, n'étant que partie jointe, n'a pu interjeter appel (Douai, 27 mars 1828) ; son inaction n'a donc pu compromettre l'intérêt de la vindicte publique. Mais, en matière correctionnelle, il a le droit d'interjeter appel ; c'est à lui et à lui seul qu'il appartient d'apprécier s'il y a lieu d'appeler de la décision de première instance en ce qui touche l'application de la peine. Il ne me semble pas juste de dire que le mari participe au pouvoir du ministère public. Sans doute le ministère public a besoin de la plainte afin d'exercer des poursuites pour l'adultère ; mais cette limitation de l'action publique a uniquement pour but d'empêcher une sorte d'inquisition domestique ; sans doute aussi le mari reste maître d'arrêter les poursuites ou l'effet d'une condamnation en reprenant sa femme, mais cette disposition de la loi indique seulement que le législateur a trouvé un plus grand intérêt à réunir des époux sur le point de se séparer et à reconstituer ainsi la famille, qu'à assurer la punition du délit d'adultère. Ces limitations ne changent en rien la nature des actions publique et civile, ne font pas participer le mari au pouvoir du magistrat,

---

formée par le demandeur à une ordonnance de la chambre du conseil du tribunal de première instance de Soissons, portant qu'il n'y a pas lieu à suivre, quant à présent, sur la plainte en adultère qu'il a formée contre sa femme et son complice ; que le ministère public ne s'est point pourvu contre cet arrêt et qu'il a acquis à son égard l'autorité de la chose jugée ; — attendu que l'action publique n'appartient qu'aux fonctionnaires auxquels la loi l'a confiée ; que la partie civile ne participe point à l'exercice de cette action ; qu'elle ne peut, par ses diligences et les recours qu'elle exerce, relever le ministère public des déchéances qu'il a encourues ; qu'à la vérité l'art. 135 du Code d'instr. crim. permet à la partie civile de former opposition aux ordonnances de la chambre du conseil ; que l'effet de cette opposition est de conserver au ministère public son action, et de la porter devant la chambre d'accusation, quoique lui-même ne se soit pas rendu opposant ; mais que cette disposition, qui est hors des termes du droit commun, doit être restreinte à la faculté qu'elle détermine ; qu'on ne peut en conclure que le recours en cassation de la partie civile contre l'arrêt qui intervient sur son opposition doit avoir le même effet que l'opposition même, celui de conserver l'action publique ; d'où il suit que, quand le ministère public ne s'est pas pourvu, son action est éteinte ;.... etc. » (Cass., 26 juillet 1828, bull. n° 222).

et laissent au ministère public son action exclusive et son indépendance dans la sphère où il se trouve enfermé (1).

Un arrêt de la Cour de cassation, en date du 28 février 1862 (2), s'applique à une hypothèse analogue. Cet arrêt décide que lorsque, la partie ayant interjeté appel d'un jugement *préjudiciel*, pour défaut de forme, la Cour infirme et évoque le fond de l'affaire, le ministère public, quoique n'ayant pas interjeté appel, conserve le droit de requérir l'application de la peine. Cette décision me paraît être conforme aux principes et n'être pas en contradiction avec ce que j'ai dit au sujet du cas d'adultère. Car le jugement dont appel a été interjeté et que le ministère public, en n'appelant pas, a accepté, ne statue pas sur le fond même de

---

(1) Je trouve précisément dans l'art. 308 du Cod. Nap., une preuve qu'en matière d'adultère, l'action publique appartient, non au mari, mais au ministère public. — En effet, lorsque la séparation de corps est prononcée pour cause d'adultère, le ministère peut et doit requérir l'application d'une peine, quoique le mari n'ait formé qu'une demande purement civile, et peut-être malgré son désir d'éviter à sa femme une condamnation corporelle. Mais le mari ayant lui-même dénoncé et établi les faits d'adultère, la prononciation de la séparation de corps constatant que la famille est dès à présent désunie, le ministère public reprend le libre et entier exercice de son action.

(2) Arrêt : « ..... Sur le deuxième moyen, résultant de la violation des art. 202 et 215 du Cod. d'instruct. crim.: — Attendu, en fait, que le Tribunal de Mâcon avait ordonné qu'avant de prononcer sur les poursuites dirigées par Franon contre Genetier, il serait sursis jusqu'au jugement au fond du brevet dont la juridiction civile se trouvait saisie ; que l'incident n'avait donc été soulevé qu'à l'occasion du sursis demandé par Genetier et prononcé par le Tribunal ; — Que, la partie civile ayant interjeté appel de cette décision, la Cour impériale de Dijon, aux termes de l'art. 215 précité, a évoqué le fond ; — Attendu que cette évocation avait pour conséquence légale de remettre en présence les droits de toutes les parties, dont l'exercice n'avait été suspendu que par le sursis ordonné ; que le ministère public ne pouvait être déchu du droit de réquisition que le sursis avait respecté, puisque le fond demeurait intact ; — Que le défaut d'appel, de la part du ministère public, du jugement rendu sur le sursis, n'y portait aucune atteinte, puisque ce jugement ne soulevait qu'une question étrangère au fond de la cause ; qu'en conséquence l'action publique pouvait s'exercer et les intérêts de la partie civile se discuter devant la Cour, qui, en appliquant l'amende requise et en statuant au fond sur la contravention, n'a fait qu'une saine application des lois sur la matière..... » (Cass. 28 févr. 1862, Bull. n° 60.)

l'affaire, et le ministère public ne peut être présumé avoir renoncé à toute répression en acceptant un jugement qui n'avait pas à se prononcer sur l'application de la peine.

De même que l'appel de la partie civile n'influe en rien sur l'action publique, l'appel formé par le ministère public seul est sans influence sur l'action civile et ne permet pas à la Cour impériale de modifier la sentence des premiers juges quant aux dommages-intérêts (Cass., 24 août 1832) (1).

L'appel du prévenu remet en question le jugement aussi bien au point de vue de la peine qu'au point de vue de l'action civile.

Les arrêts peuvent, comme les jugements de première instance, être rendus par défaut; la partie civile a le droit d'opposition, mais quant à ses intérêts seulement.

§ 3. — Pourvoi en cassation.

Les arrêts et les jugements en dernier ressort, c'est-à-dire les jugements de tribunaux de simple police condamnant à moins de 5 francs d'amende, ou ceux qui n'ont pas été l'objet d'un appel de la part du condamné, ou enfin les jugements de tribunaux correctionnels statuant sur l'appel d'un jugement de simple police, peuvent être, de la part de chacune des parties en cause, l'objet d'un pourvoi en cassation (2).

---

(1) Arrêt : « Sur le moyen tiré de ce que le Tribunal a fait intervenir dans la cause le sieur Hignard, et lui a adjugé des réparations civiles, bien qu'il n'eût pas appelé du jugement de partage : — Vu les art. 1, 3, 4, 197, 202 et 203 du Cod. d'instruct. crim.; — Attendu qu'il résulte de ces articles combinés que l'action civile est indépendante de l'action publique; que la poursuite de l'une ne peut faire revivre celle qui a cessé d'exister par un acquiescement formel ou tacite résultant, comme dans l'espèce, du défaut d'appel dans les délais fixés par l'art. 203; — Attendu que si le sieur Hignard est intervenu dans la cause, on ne peut opposer au demandeur, qui a contesté audit sieur Hignard le droit de prendre des conclusions, ni autorité de chose jugée, ni consentement à la mise en cause, s'agissant de compétence; — Qu'ainsi le Tribunal de Quimper, qui n'était pas saisi de l'appel du sieur Hignard, a commis un excès de pouvoir dans la disposition de son jugement qui condamne le sieur Legall aux frais faits par Hignard, tant en première instance que sur appel, et, sous peine de cent francs de contrainte, d'insérer dans ledit journal la lettre du sieur Hignard; — Par ces motifs, la Cour casse....., etc. » (Cass., 24 août 1832, Bull. n° 321.)

(2) Cod. d'instr. crim., art. 177 : « Le ministère public et les parties pourront, s'il y a lieu, se pourvoir en cassation contre les jugements rendus

La partie civile qui se pourvoit doit, dans le délai de trois jours, à partir de l'arrêt ou du jugement, notifier son recours à la partie contre laquelle il est dirigé.

Si la partie civile succombe, elle est condamnée à une indemnité de 150 francs et aux frais envers la partie contre laquelle elle s'est pourvue. En outre l'amende qu'elle avait consignée est acquise à l'Etat (1).

Les jugements et arrêts par défaut peuvent aussi faire l'objet d'un pourvoi en cassation, mais ce pourvoi ne peut être formé qu'après l'expiration du délai d'opposition.

La déclaration de pourvoi en cassation doit être faite au greffe

---

en dernier ressort par le Tribunal de police, ou contre les jugements rendus par le Tribunal correctionnel sur l'appel des jugements de police. — Le recours aura lieu dans la forme et dans les délais qui seront prescrits. »

Art. 217 : « La partie civile, le prévenu, la partie publique, les personnes civilement responsables du délit, pourront se pourvoir en cassation contre l'arrêt. »

La notification, qui est nécessaire en matière de simple police pour faire courir le délai d'appel, ne l'est pas pour faire courir le délai pendant lequel le pourvoi est possible (Cass. 19 nov. 1835).

(1) Cod. d'inst. crim. Art. 418 : « Lorsque le recours en cassation contre un arrêt ou jugement en dernier ressort, rendu en matière criminelle, correctionnelle ou de police, sera exercé, soit par la partie civile, s'il y en a une, soit par le ministère public, ce recours, outre l'inscription énoncée dans l'art. précédent, sera notifié à la partie contre laquelle il sera dirigé, dans le délai de trois jours. — Lorsque cette partie sera actuellement détenue, l'acte contenant la déclaration de recours lui sera lu par le greffier ; elle le signera, et si elle ne le peut ou ne le veut, le greffier en fera mention. — Lorsqu'elle sera en liberté, le demandeur en cassation lui notifiera son recours par le ministère d'un huissier, soit à sa personne, soit au domicile par elle élu : le délai sera, en ce cas, augmenté d'un jour par chaque distance de trois myriamètres. »

Art. 436 : « La partie civile qui succombera dans son recours, soit en matière criminelle, soit en matière correctionnelle ou de police, sera condamnée à une indemnité de 150 francs et aux frais envers la partie acquittée, absoute ou renvoyée. La partie civile sera, de plus, condamnée envers l'Etat à une amende de 150 francs, ou de 75 francs seulement, si l'arrêt ou le jugement a été rendu par contumace ou par défaut. »

Art. 437 : « Lorsque l'arrêt ou le jugement aura été annulé, l'amende consignée sera rendue sans aucun délai, en quelques termes que soit conçu l'arrêt qui a statué sur le recours, et quand même il aurait omis d'en ordonner la restitution. »

de la Cour ou du tribunal qui a prononcé l'arrêt ou le jugement en dernier ressort. La partie civile qui se pourvoit doit consigner une amende de 150 francs, ou de 75 francs seulement si l'arrêt ou le jugement sont rendus par défaut. Sont cependant dispensés de cette amende les personnes qui justifient de leur indigence dans la forme prescrite par la loi(1).

CHAPITRE V. — *Exécution de la sentence.*

La partie civile qui a obtenu une condamnation à des dommages-intérêts doit poursuivre l'exécution du jugement, mais seulement en ce qui touche les dommages-intérêts (2).

---

(1) Cod. d'inst. crim. Art. 417 : « La déclaration de recours sera faite au greffier par la partie condamnée, et signée d'elle et du greffier ; et si le déclarant ne peut ou ne veut signer, le greffier en fera mention. Cette déclaration pourra être faite, dans la même forme, par l'avoué de la partie condamnée ou par un fondé de pouvoir spécial ; dans ce dernier cas, le pouvoir demeurera annexé à la déclaration. — Elle sera inscrite sur un registre à ce destiné ; ce registre sera public, et toute personne aura le droit de s'en faire délivrer des extraits. »

Art. 419 : « La partie civile qui se sera pourvue en cassation est tenue de joindre aux pièces une expédition authentique de l'arrêt. Elle sera tenue, à peine de déchéance, de consigner une amende de 150 francs, ou de la moitié de cette somme si l'arrêt est rendu par contumace ou par défaut. »

Art. 420 : « Sont dispensés de l'amende : 1° Les condamnés en matière criminelle ; 2° les agents publics pour affaires qui concernent directement l'administration et les domaines ou revenus de l'Etat.

A l'égard de toutes autres personnes, l'amende sera encourue par celles qui succomberont dans leur recours. Seront néanmoins dispensées de la consigner celles qui joindront à leur demande en cassation : 1° un extrait du rôle des contributions constatant qu'elles paient moins de six francs, ou un certificat du percepteur de leur commune portant qu'elles ne sont point imposées ; 2° un certificat d'indigence à elles délivré par le maire de la commune de leur domicile ou par son adjoint, visé par le sous-préfet et approuvé par le préfet de leur département. »

(2) Code d'inst. crim. Art. 165 : « Le ministère public et la partie civile poursuivront l'exécution du jugement, chacun en ce qui le concerne. »

Art. 197 : « Le jugement sera exécuté à la requête du procureur impérial et de la partie civile, chacun en ce qui le concerne. -- Néanmoins les poursuites pour le recouvrement des amendes et confiscations, seront faites, au nom du procureur impérial, par le directeur de la régie des droits d'enregistrement et des domaines. »

Cette condamnation est, de plein droit, garantie par la contrainte par corps, qui toutefois ne s'applique qu'aux prévenus et non aux personnes condamnées comme civilement responsables (Cass., 3 juin 1843) (1).

Les règles relatives à l'exercice de la contrainte par corps par la partie civile se trouvent comprises dans les articles (2) 33 à

---

(1) Arrêt : « La Cour.... sur le deuxième moyen : en ce qui concerne le même demandeur ; — Vu l'art. 40 de la loi du 17 avril 1832 ; — attendu que les condamnations prononcées par corps contre lui s'élèvent à plus de trois cents francs et que néanmoins la Cour royale de Rennes n'a pas déterminé, conformément à l'article précité, la durée de la contrainte ; — En ce qui touche l'administration générale des postes : vu l'art. 74 du Code pénal et le § 3 de l'art. 1384 du Code civil ; — attendu que la responsabilité civile des délits et des contraventions est restreinte à la réparation pécuniaire du préjudice dont ils ont été cause, et que les condamnations qui en sont la conséquence ne peuvent emporter de plein droit l'exercice de la contrainte par corps à l'égard des personnes sur lesquelles pèse cette responsabilité, puisque la loi précitée du 17 avril 1832 n'autorise ce mode d'exécution en matière criminelle que contre l'auteur même du dommage ; qu'il suit de là, dans l'espèce, que la Cour de Rennes a commis une violation expresse des principes de la matière en condamnant par corps l'administration générale des postes, solidairement avec Daullé, à la réparation du tort fait par ce dernier à M. Dumoulin ; — casse.... » (Dalloz périod. 1843, 1re partie, p. 421).

(2) Loi du 17 avril 1832. Art. 33 : « Les arrêts, jugements et exécutoires portant condamnation, au profit de l'État, à des amendes, restitutions, domages-intérêts et frais, en matières criminelle, correctionnelle ou de police, ne pourront être exécutés par la voie de la contrainte par corps que cinq jours après le commandement qui sera fait aux condamnés, à la requête du receveur de l'enregistrement et des domaines. — Dans le cas où le jugement de condamnation n'aurait pas été précédemment signifié au débiteur, le commandement portera en tête un extrait de ce jugement, lequel contiendra le nom des parties et le dispositif. — Sur le vu du commandement, et sur la demande du receveur de l'enregistrement et des domaines, le procureur impérial adressera les réquisitions nécessaires aux agents de la force publique et autres fonctionnaires chargés de l'exécution des mandements de justice..... »

Art. 37 : « Dans tous les cas, la contrainte par corps exercée en vertu de l'art. 33 est indépendante des peines prononcées contre les condamnés.»

Art. 38 : « Les arrêts et jugements contenant des condamnations en faveur des particuliers pour réparations de crimes, délits ou contraventions commis à leur préjudice, seront, à leur diligence, signifiés et exécutés

40 de la loi du 17 avril 1832, 8 et 9 de la loi du 13 décembre
1848 (1).

La partie civile, en cette matière, est assimilée à l'État ; par
conséquent elle peut s'adresser au ministère public qui fera in-

suivant les mêmes termes et voies de contrainte que les jugements portant
des condamnations au profit de l'Etat. Toutefois les parties poursuivantes
seront tenues de pourvoir à la consignation d'aliments, aux termes de la
présente loi, lorsque la contrainte aura lieu à leur requête et dans leur intérêt. »

Art. 39 : « Lorsque la condamnation prononcée n'excédera pas trois
cents francs, la mise en liberté des condamnés arrêtés ou détenus à la
requête et dans l'intérêt des particuliers, ne pourra avoir lieu, en vertu
des art. 34, 35 et 36, qu'autant que la validité des cautions ou l'insolvabilité des condamnés auront été, en cas de contestation, jugées contradic-
toirement avec le créancier. La durée de la contrainte sera déterminée par
le jugement de condamnation dans les limites de 5 mois à 5 ans. »

Art. 40 : « Dans tous les cas et quand bien même l'insolvabilité du débiteur pourrait être constatée, si la condamnation prononcée, soit en faveur
d'un particulier, soit en faveur de l'Etat, s'élève à 300 francs, la durée de
la contrainte sera déterminée par le jugement de condamnation dans les
limites fixées par l'art. 7 de la présente loi. »

(1) Art. 8 : « La durée de la contrainte par corps, dans les cas prévus
par l'art. 35 de la loi du 17 avril 1832 (c'est-à-dire lorsque le condamné
aura justifié de son indigence dans la forme déterminée par l'art. 420 du
Code d'instr. crim.), ne pourra excéder trois mois. — Lorsque les condamnations auront été prononcées au profit d'une partie civile et qu'elles seront
inférieures à 300 francs, si le débiteur fait les justifications prescrites par
l'art. 39 de la même loi, la durée de l'emprisonnement sera la même que
pour les condamnations prononcées au profit de l'Etat. — Lorsque le débiteur de l'Etat ou de la partie civile ne fera pas les justifications exigées par
les articles ci-dessus indiqués de la loi du 17 avril 1832, et par le § 2 de
l'art. 420 du Code d'instr. crim., la durée de l'emprisonnement sera
double. »

Art. 9 : « Si le débiteur a commencé sa soixante-dixième année avant le
jugement, la contrainte par corps sera déterminée dans la limite de trois
mois à trois ans. — S'il atteint sa soixante-dixième année, avant d'être
écroué ou pendant son emprisonnement, la durée de la contrainte sera, de
plein droit, réduite à la moitié du temps qui restera à courir. — La contrainte par corps, en matière criminelle, correctionnelle ou de simple police,
ne sera exercée, dans l'intérêt de l'Etat ou des particuliers, contre des
individus âgés de moins de seize ans accomplis à l'époque du fait qui a
motivé la poursuite, qu'autant qu'elle aura été formellement prononcée par
le jugement de condamnation. »

carcérer le débiteur par les agents de la force publique (Cass., 5 août 1846) (1).

CONCLUSION.

Je crois avoir retracé dans les pages qui précèdent, les principales dispositions de nos lois relatives au droit de citation directe par les parties civiles et les questions les plus importantes qui se sont présentées à ce sujet, dans la pratique. — Il me sera maintenant permis d'apprécier, en peu de mots, la valeur de ce droit en lui-même.

La faculté, pour les particuliers, de citer directement devant les tribunaux de répression a été considérée, par quelques personnes, comme une des garanties de nos libertés publiques; et tout récemment le congrès des juristes allemands, dans sa session tenue au mois d'août 1861, a exprimé, à une grande majorité, le vœu qu'on introduisît dans le droit allemand la faculté de porter plainte et d'agir devant la juridiction répressive, même en cas de refus du ministère public.

Sans doute, dans certains cas, le droit de citation directe peut

---

(1) Arrêt : « La Cour; — Attendu que la loi du 17 avril 1832 est une loi générale qui dispose pour tous les cas où la contrainte par corps peut être ordonnée; — Qu'aux termes de l'art. 38 de cette loi, les arrêts et jugements contenant des condamnations en faveur des particuliers pour réparations de crimes ou de délits commis à leur préjudice doivent être signifiés et exécutés suivant les mêmes formes et voies de contrainte que les jugements par l'art. 33 de la même loi, les réquisitions à l'effet d'exécuter par la voie de la contrainte par corps les jugements portant condamnation à des amendes ou à des restitutions, sont adressées aux agents de la force publique et aux fonctionnaires chargés de l'exécution des mandements de justice; — Qu'il suit de là que, dans les deux cas prévus par les articles précités, le législateur a voulu établir un mode particulier d'exercice de la contrainte par corps, et confier à des agents spéciaux l'exécution du jugement qui la prononce; — Qu'en décidant que, dans cette double hypothèse, le droit exclusif d'exécuter la contrainte par corps ne pouvait être réclamé par les gardes du commerce, en vertu du décret du 14 mars 1808, l'arrêt attaqué, loin de violer les lois invoquées, en a fait, au contraire, une juste application; — Rejette » (Dalloz périod., 1846, 1re part., p. 366). Cet arrêt confirme un arrêt de la Cour impériale de Paris qui avait validé une incarcération opérée, au profit d'une partie civile, par un sergent de ville agissant en vertu d'un réquisitoire du procureur général

procurer aux particuliers un redressement de leurs griefs qu'ils n'eussent obtenu que plus difficilement et plus lentement en recourant à la juridiction civile. — Cependant je pense qu'il y aurait une singulière exagération à y voir un des principes de nos libertés publiques.

A côté du point de vue théorique de la question, il est bon, en effet, d'en considérer le point de vue pratique, en se reportant aux données de l'expérience, et de chercher à ramener ainsi les choses à leur juste valeur.

Or, si on considère que le plus grand nombre des condamnations prononcées sur citations des parties civiles n'appliquent que des peines légères, et que la plupart des faits qui les ont motivées n'ont été négligés par le ministère public qu'en considération de leur peu de gravité et du droit qu'a la partie lésée de saisir directement le tribunal de répression ; — si on considère, de plus, qu'au point de vue des intérêts pécuniaires, la réparation de tout préjudice causé par un fait délictueux est assurée, indépendamment de l'action en police correctionnelle, ou en simple police, par l'action devant la juridiction civile ; — on arrive à cette conclusion que si le droit d'agir devant les tribunaux de répression était retiré aux parties lésées, ni l'intérêt public ni l'intérêt privé n'auraient sérieusement à en souffrir.

D'un autre côté, le droit de citation devant les tribunaux de police, s'il n'offre que des avantages douteux, a des inconvénients réels. La comparution en police correctionnelle est, sous notre législation actuelle, une honte qui peut être infligée au citoyen le plus honorable par la légèreté, le caprice ou la haine du premier venu. Il est vrai qu'un acquittement viendra proclamer l'innocence de celui qui a été cité à tort ; il est vrai aussi qu'une condamnation à des dommages-intérêts considérables pourra châtier l'accusateur téméraire ; mais le fait d'avoir comparu en police correctionnelle, parfois sous une prévention déshonorante, ne restera par moins acquis, et, répandu par la foule des malveillants et des indifférents, pourra porter une atteinte irrémédiable au crédit et à la considération d'un citoyen.

Si on consulte les résultats que donne la statistique, on verra que, tandis que, sur les poursuites intentées par le ministère public, la proportion des acquittements est très-minime relativement à celle des condamnations, la moitié environ des affaires portées en police correctionnelle par citation des parties civiles se terminent par un acquittement (1). Par conséquent la moitié des personnes ainsi amenées sur les bancs de la police correctionnelle ont subi injustement cet affront.

Je n'ose ici émettre le vœu d'une réforme que rien ne m'autoriscrait à proposer, et je crains aussi de me laisser aveugler par l'esprit de corps ; mais il me semble que si le ministère public seul avait l'initiative des poursuites devant les tribunaux de répression, les personnes lésées conservant la faculté de se joindre à l'instance en qualité de parties civiles, tous les intérêts seraient sauvegardés et aucun abus ne serait à craindre (2).

---

(1) Les comptes rendus de la justice criminelle pour les années 1857, 1858 et 1859 donnent les résultats suivants : sur mille affaires portées devant les tribunaux de police correctionnelle par le ministère public, il y a eu 61 acquittements en 1857, 87 en 1858, 84 en 1859. — Pendant les mêmes années, sur mille affaires portées devant la même juridiction par les parties civiles, le nombre des acquittements s'est élevé à 434, 412 et 420.

(2) Un magistrat qui a plus d'expérience des affaires criminelles que je n'en puis avoir, M. Ducreux, aujourd'hui substitut du procureur général, près la Cour impériale de Paris, a publié dans le journal *le Droit* (nᵒˢ des 10 et 11 octobre 1857) un article où il regrette aussi la latitude trop grande laissée par la loi aux citations de parties civiles. La citation directe, dit-il, « est donnée ordinairement pour injures ou diffamation, pour voies de fait légères ou bien pour des actes que l'on qualifie d'abus de confiance ou d'escroquerie ; en d'autres termes, et en tenant compte de quelques sérieuses exceptions, la citation procède de la vanité, de la rancune, ou d'un secret calcul d'après lequel un créancier espère se faire payer en intimidant son débiteur. Les audiences correctionnelles se trouvent souvent aussi affligées du spectacle que présentent des affaires trop nombreuses, où des myriades de témoins sont appelés à déposer de faits regrettables, mais qui n'ont aucun caractère de délit, et qui n'ont d'autre gravité que celle du scandale dont se repaît l'auditoire. » — L'auteur de l'article voudrait que, pour parer à cet inconvénient, la loi punît d'une amende de 25 à 100 francs toute personne qui aurait, à tort, cité directement en police correctionnelle. Je craindrais qu'une pareille amende ne fût impuissante à faire disparaître des abus que n'ont pu empêcher ni l'obligation pour la partie civile de payer les frais de l'instance ni les dommages-intérêts illimités auxquels elle peut être condamnée si sa demande est dénuée de fondement.

FIN.

Paris.—Imprimerie de Gosse et J. Dumaine, rue Christine, 2.